ALTDEUTSCHE TEXTBIBLIOTHEK

Begründet von Hermann Paul
Fortgeführt von Georg Baesecke
Herausgegeben von Hugo Kuhn

Nr. 63

Der althochdeutsche Isidor

Nach der Pariser Handschrift
und den Monseer Fragmenten

neu herausgegeben von
Hans Eggers

MAX NIEMEYER VERLAG TÜBINGEN 1964

© Max Niemeyer Verlag, Tübingen 1964 · Alle Rechte vorbehalten
Printed in Germany · Druck: Buchdruckerei Eugen Göbel, Tübingen

EINLEITUNG

Eine neue Ausgabe des Althochdeutschen Isidor bedarf keiner besonderen Rechtfertigung, ist doch – zu schweigen von älteren Editionen – die große Ausgabe, die George A. Hench im Jahre 1893 erscheinen ließ, längst nicht mehr allgemein zugänglich. Es besteht daher der dringliche Wunsch, den vollständigen Text dieses wichtigen Denkmals für Seminare und Übungen und für die eigene Lektüre wieder zur Verfügung zu haben. Für Forschungszwecke freilich wird Henchs Ausgabe unentbehrlich bleiben, da ihre Faksimilia in vielen Fällen anstelle der Handschrift selbst benutzt werden können. Dieser Sachlage hat unsere Neuausgabe Rechnung zu tragen. Sie will nicht mit Henchs Arbeit in Konkurrenz treten, sondern darf höchstens anstreben, sie hie und da zu ergänzen. Desto unbefangener aber kann sie ihr eigenes Ziel verfolgen, nämlich einen zu fortlaufender Lektüre geeigneten Text zu bieten.

In voller Übereinstimmung mit dem Herausgeber der Altdeutschen Textbibliothek und dem Verleger ist es mir vornehmlich darauf angekommen, einen »Lesetext« zur Verfügung zu stellen, und dementsprechend ist diese neue Ausgabe angelegt. Ich habe mich bemüht, sie in Text, Apparat und Einleitung von allem zu entlasten, was nicht diesem Ziele dient. Manche philologische Einzelfragen, die sich mir während der Arbeit an der Ausgabe aufdrängten, bleiben deshalb unerörtert; ich behalte mir vor, sie an anderer Stelle zu behandeln. Im Verlaufe meiner Arbeit habe ich dankbar von Henchs Isidor-Ausgabe und von seiner Ausgabe der Monseer Fragmente (Straßburg 1890) Gebrauch gemacht, doch habe ich sorgfältig den Codex Nr. 2326 der Bibliothèque

Nationale in Paris und den ehemals Monseer Codex Nr. 3093*
der Österreichischen Nationalbibliothek in Wien verglichen.

Eine Beschreibung der fünf mehr oder minder fragmentarisch
erhaltenen Blätter aus dem Monseer Codex kann einer bevorstehenden Ausgabe der Monseer Fragmente vorbehalten bleiben.
Weitaus umfangreicher und daher wichtiger ist die in der Pariser
Handschrift erhalten gebliebene Überlieferung, obwohl auch diese
nur ein Fragment darstellt. Über die Geschichte der Pariser Handschrift habe ich nichts ermitteln können, was über das bisher Bekannte (vgl. Hench, S. XIII f.) hinausginge. Sie trägt noch heute
auf Bl. 1 r und 88 v die alte Signatur *4859* der Bibliothek des
Ministers Colbert, in die sie im Jahre 1680 gelangte, und auf denselben Blättern den rotfarbigen Rundstempel *Bibliotheca Regia*,
dazu auf Bl. 1 r die Signatur *4342* der Königlichen Bibliothek,
die später Bibliothèque Impériale und danach Bibliothèque Nationale wurde. Im Jahre 1732 gelangte die Handschrift dorthin und
wird heute unter der Signatur *Latin. 2326* dort verwahrt.

Der Codex ist heute in einen goldverzierten Lederband eingebunden, der auf dem Rücken zwischen den beiden obersten der
fünf Bundleisten den vierzeiligen Titel *ISIDORI TRACTATUS
ADVERSUS IUDAEOS* und ganz unten auf aufgeklebtem achteckigen Zettel die Signatur *Lat. 2326* trägt. Auf der Innenseite
des vorderen Buchdeckels steht dieselbe Signatur auf gleichartigem Zettel nochmals verzeichnet. Der Pergamentcodex ist vorn
und hinten durch je vier Vorsatzblätter aus weißem Papier geschützt. Darauf folgt vorn ein Pergamentblatt, das abermals die
Signatur und den oben erwähnten Titel aufweist. Darunter steht
der Vermerk *Volume de 88 Feuillets | Les Feuillets 86–88 sont
mutilés | 18. Juillet 1891*. Damit ist in etwa auch das Datum des
heutigen Einbandes bestimmt, den Hench noch nicht vorfand
(vgl. Hench, S. X, Fußnote). Der Codex umfaßt jetzt 88 Pergamentblätter im Format von etwa 24 × 14,5 cm. Der Schriftspiegel
mißt etwa 18 × 11 cm und ist auf 22 Zeilen eingerichtet (23 Zeilen
auf Bl. 15), die ebenso wie die senkrechten Begrenzungen mit dem
Griffel geritzt sind.

Die Handschrift besteht aus 11 Quaternionen (Nr. II–XII) und 3 hinten angefügten Einzelblättern. Hinter dem jetzigen Blatt 22 fehlen die beiden letzten Blätter der ursprünglich vierten und das erste der fünften Lage. Vor allem aber fehlt die gesamte erste Lage, wie sowohl der Textverlust am Anfang wie auch das Lagenzeichen *II* auf Bl. 8 v (vgl. das Faksimile, Hench XVI) beweisen. Das Pergament ist zum Teil stark gebräunt und – wie gegenüber Hench, S. X, betont werden muß – von geringer Qualität. Die meisten Blätter bestehen aus grobem Pergament, doch finden sich dazwischen, z. B. in der fünften Lage, sehr dünne Blätter. Von der zehnten Lage an (Bl. 62) wird die Qualität noch geringer, und besonders die Lagen 11 und 12 (Bll. 70–85) weisen ein ganz ungewöhnlich derbes und steifes Material auf. Außerdem war die zwölfte Lage, wie senkrecht zum Schriftspiegel verlaufende Zeilenritzungen erkennen lassen, ursprünglich für anderen Gebrauch vorbereitet. Vorgeritzte Quartblätter wurden zum Oktavformat der Handschrift zusammengefaltet.

Der Isidorische Traktat *De Fide Catholica contra Iudaeos* beansprucht den meisten Raum und steht auf den Blättern 1 r–79 r; die acht Blätter der verlorenen ersten Lage wären dem noch hinzuzurechnen. Der Schriftspiegel der Blätter 1 r–33 v, d. h. bis zur Mitte der sechsten Lage, ist durch senkrechte Tintenstriche etwa im Verhältnis 2 : 3 in zwei Spalten eingeteilt. Die linke Spalte dient der Aufnahme des lateinischen Textes, die breitere, rechte war für die althochdeutsche Übersetzung bestimmt. Diese ist jedoch nur bis Bl. 22 r eingetragen. Die Bll. 22 v–33 v enthalten nur den lateinischen Text, die rechte Spalte ist, abgesehen von einigen sekundären, nicht zum Text gehörigen späteren Eintragungen, frei geblieben. Mitten im Kapitel XIX, ja sogar mitten im Satz ging dann der Schreiber von Bl. 34 r an zu ganzseitigem und einspaltig geschriebenem Lateintext über: *Et iterum et eiusdem domini persona adiecit:* ‖ Bl. 34 r ‖ *Circumdederunt me canes multi* usw. (vgl. PL 83, Sp. 478 oben). Auf Bl. 49 r beginnt das zweite Buch des Traktats, das bis Bl. 79 r reicht. An seinem Anfang steht ein Inhaltsverzeichnis *(INCIPIUNT CAPITULA*

LIBRI SECUNDI), das etwa anderthalb Seiten einnimmt, und auf eine ähnliche Anordnung am verlorenen Anfang des ersten Buches schließen läßt.

Auf Bll. 79 v–85 v, also bis zum Schluß der ursprünglich zwölften Lage, ist – von anderer Hand in viel kleinerer Schrift und in zweispaltiger Anordnung geschrieben – der Anfang eines Glossars der *Affatim*-Gruppe eingetragen. Es beginnt mit *Affatim. statim abundanter. aptauit. conparauit* und endet im Buchstaben C mit *Coniugate. nexe coniuncte.* Von den lose angefügten Blättern blieb 86 r ursprünglich leer und diente später als Raum für Federproben und zum Eintrag von tironischen Noten und von 9 Zeilen Maß-, Gewichts- und Münzerklärungen unter der Überschrift *Hosee.* Auf den Blättern 86 v–88 r folgt, von gleicher Hand wie das Glossar und ebenfalls zweispaltig angelegt, ein Dialog zwischen Lehrer und Schüler über die Trinität. Er beginnt mit den Worten *Aurum et argentum non est mecum* und endet auf Bl. 88 r in der zweiten, nur zu zwei Dritteln beschriebenen Spalte mitten im Text, nämlich mit einer Frage des Schülers, der um ausführlichere Erklärung bittet: *Quae superius sic strictim tetigisti, rogo ut paulo latius mihi exponas. M.* Dabei deutet der letzte Buchstabe (*M* für *Magister*) an, daß der Schreiber noch zur Antwort ansetzte, bevor er die Feder aus der Hand legte. Auf dem freigebliebenen Bl. 88 v finden sich nur Federproben. Über sekundäre Einträge, darunter auch über das Lied auf den Bischof Anianus von Orleans (vgl. Hench, S. XI), ist hier nicht zu berichten; sie tragen zur Beurteilung des Codex nichts Wesentliches bei.

Die Hand, die den Isidortraktat niederschrieb, dürfte, nach paläographischen Merkmalen zu urteilen, während der letzten Jahrzehnte des 8. Jahrhunderts am Werk gewesen sein. Der Schreiber des Glossars und des Lehrgesprächs stand anscheinend in der gleichen Tradition wie der des Traktats. Er verwendet etwa die gleichen, ein bestimmtes System verratenden Abkürzungen im lateinischen Text und gebraucht in seiner kleineren und etwas schräg gestellten Handschrift doch fast die gleichen Ligaturen wie der Isidor-Schreiber. Insgesamt macht dieser Teil einen etwas jüngeren Eindruck und könnte etwa ein bis zwei Jahrzehnte nach dem Isidor geschrieben sein.

Im Isidorischen Traktat stehen die Überschriften zum Teil auf farbig angelegten Streifen, die jetzt ockergelb erscheinen. Die Großbuchstaben wurden im lateinischen wie im deutschen Text durch pastos aufgetragene, wie Kleckse wirkende Farbflecken verziert, die heute zum größten Teil schwarz geworden sind, aber noch immer dick aufliegen. Die Farbe der Tinte, im Glossen- und Dialogteil tiefschwarz, ist im Isidorteil ungleichmäßig. An vielen Stellen unterscheiden sich der deutsche und der lateinische Text durch die Farbe, und das kann als ein Hinweis darauf gelten, daß die Eintragung nicht gleichzeitig erfolgte.

Einem minderwertigen Schreibmaterial, das zusammengesucht wirkt, und einem dürftigen Buchschmuck steht anderseits die gute Bildung des Isidor-Schreibers gegenüber, der sowohl den lateinischen wie auch den schwierigen althochdeutschen Text fast fehlerlos abzuschreiben verstand, das orthographische System des Althochdeutschen anscheinend mühelos beherrschte und auch in den beiderseits verwendeten Abkürzungen eine klare Systematik erkennen läßt. Bedenkt man weiterhin den unfertigen Zustand des Ganzen und den Übergang von zweispaltiger zu einspaltiger Anordnung auf Bl. 34 r, so gewinnt man den Eindruck, daß wir in dem Pariser Codex eine Handschrift vor uns haben, die ein geistlicher Gelehrter für seinen eigenen, privaten Gebrauch herstellte.

Der Althochdeutsche Isidor ist seit dem Anfang des 18. Jahrhunderts wiederholt herausgegeben worden, und ich habe bei der Vorbereitung dieser neuen Ausgabe sämtliche älteren Ausgaben herangezogen. Ein Überblick über die Reihenfolge der Texteditionen ist nicht uninteressant, und er mag gleichzeitig zur Rechtfertigung der Auswahl der in unseren Apparat aufgenommenen Angaben dienen. Folgende Ausgaben des Althochdeutschen Isidor liegen vor:

1. Jo. Philippus Palthenius, Tatiani Alexandrini Harmoniae

Evangelicae antiquissima Versio Theotisca ut et Isidori Hispalensis ad Florentinam Sororem de Nativitate Domini, Passione, Resurrectione, etc. Libri eadem lingua conversi Fragmentum, Greifswald 1706. (Von mir in einem Exemplar der Landesbibliothek Stuttgart benutzt.) Zweispaltig, links der lateinische, rechts der deutsche Text, der Text des ahd. Isidor auf S. 239–270, dazu Anmerkungen (Worterklärungen) auf S. 398–417.

Palthens ahd. Text enthält äußerst viele Fehler. Die Herkunft des lat. Textes, über die er keine Angaben macht, habe ich nicht ermitteln können; er entspricht weder der Pariser Handschrift noch einer der beiden von mir benutzten lat. Ausgaben. Palthens Ausgabe verdient nur noch historisches Interesse.

2. Joannes Schilter, Thesaurus Antiquitatum Teutonicarum etc. Tom. I, Pars II, Ulm 1718, S. 1–12. (Benutzt in einem Exemplar der Universitätsbibliothek Tübingen.) Zweispaltig, links der lateinische, rechts der deutsche Text.

Der ahd. Text ist kaum weniger fehlerhaft als der des Palthenius, aber von der älteren Ausgabe unabhängig. Der lat. Text ist der Ausgabe des Jacobus du Breul entnommen; er steht dem althochdeutschen näher als der des Palthenius. Für die Textkritik ist auch Schilters Ausgabe wertlos.

3. Fridericus Rostgaard, Fragmentum Linguae Theotiscae Vetustissimum ... omni cum cura descripsit Fridericus Rostgaard 1697; veröffentlicht in »Dänische Bibliothec oder Sammlung von Alten und Neuen Gelehrten Sachen aus Dännemarck, Zweytes Stück«, Kopenhagen und Leipzig 1738, S. 335–409. (Benutzt in einem Exemplar der Bayrischen Staatsbibliothek München.) Zweispaltig, der lateinische rechts vom deutschen Text.

Nach dem Titel zu urteilen, nahm Rostgaard die Abschrift also schon im Jahre 1697, doch erfolgte der Druck erst 41 Jahre später. (Ob Palthen Rostgaards Abschrift widerrechtlich für seine Ausgabe benutzt habe – so referiert Weinhold über ältere Gerüchte –, konnte ich nicht ermitteln, da ich infolge der Schwierigkeiten des auswärtigen Leihverkehrs nicht in der Lage war, beide Ausgaben gleichzeitig zu benutzen.) Rostgaard gibt sowohl den althochdeutschen wie den lateinischen Text des Pariser Codex sehr genau wieder. Der Lesefehler sind wenige, auch die Druckfehler halten sich in Grenzen. Er gibt auch für beide Textteile genau die Seitenwenden an. Hinsichtlich des lateinischen Textes ist er vor Hench der einzige Herausgeber, der sich eng an den Codex Parisinus hält. In der Versikeleinteilung und in der Verwendung von Groß- und Kleinbuchstaben richtet er sich allerdings in beiden Textteilen nach der lateinischen Ausgabe des Jacobus du Breul, die er auch in Anmerkungen mehrfach zum Vergleich mit der Pariser Überlieferung heranzieht. Rostgaards Ausgabe hat wegen der Sorgfalt und Sicherheit der Textwiedergabe auch heute noch kritischen Wert; in Zweifelsfällen, wo die Pariser Handschrift undeutlich geworden ist, müssen Rostgaards Lesungen ernstlich in Betracht gezogen werden.

4. E. G. Graff, Althochdeutsche, im cod. paris. 2326 enthaltene, Übersetzung eines Theils des isidorischen Tractats de nativitate domini. Treu nach der Handschrift herausgegeben, Germania (v. d. Hagen) 1, 1836, S. 57–89. Der lat. Text auf den linken, der ahd. auf den rechten Seiten gedruckt.

Ein ganz und gar wertloser, unkritischer Abdruck der Ausgabe des Palthenius mit Wiederholung fast aller Druck- und sonstigen Fehler, Auslassungen usw. Nur die Druckanordnung und die Regelung der Groß- und Kleinschreibung sind gegenüber Palthenius geändert.

5. Adolf Holtzmann, Isidori Hispalensis de nativitate Domini, passione et ressurectione, regno atque iudicio epistolae ad Florentinam sororem versio francica saeculi octavi quoad superest, Karlsruhe 1836.

Holtzmann gibt einen zeilengetreuen, fast diplomatisch zu nennenden Abdruck des althochdeutschen Textes, in welchem er auch die Groß- und Kleinschreibung sowie die Interpunktion der Handschrift und zum Teil auch deren Abkürzungen berücksichtigt. Lesefehler sind nicht ganz selten. Über die Herkunft seines lateinischen Textes gibt er keine Auskunft. Sein Latein weicht von allen übrigen mir bekannt gewordenen Versionen ab und scheint aus mehreren Fassungen kompiliert zu sein, ohne daß eine besondere Nähe zum althochdeutschen Text erreicht oder auch nur angestrebt wäre. Die Seitenwenden des lateinischen Teiles fingiert H. nach dem althochdeutschen Vorbild. Dementsprechend ist sein althochdeutscher Text, besonders wegen der Übernahme der handschriftlichen Interpunktion, auch heute noch von kritischem Wert, sein lateinischer Text dagegen ist wertlos.

6. Karl Weinhold, Die altdeutschen Bruchstücke des Tractats des Bischofs Isidorus von Sevilla de fide catholica contra Iudaeos (Bibl. d. ältesten dt. Litteratur-Denkmäler, VI. Band), Paderborn 1874.

Weinhold, der, wie er selbst angibt, den Pariser Codex nicht gesehen hat, stellte seinen Text durch Vergleich aus den vorgenannten fünf Ausgaben her, wobei er sich vor allem auf Holtzmann stützte. Auf diese Weise entstand ein ziemlich zuverlässiger althochdeutscher Text. Allerdings nahm Weinhold eine Reihe von konjekturalkritischen Änderungen vor, insbesondere an den Endungen von Adjektiva und Pronomina, die man heute nicht mehr rückhaltlos gutheißen kann. Sein lateinischer Text ist sorgfältig erwogen, trotzdem aber ganz unzuverlässig, da er im wesentlichen auf Holtzmanns Text beruht, von dem er auch die unzutreffenden Angaben über die Seitenwenden übernimmt. Es ist verwunderlich, daß Weinhold den hohen Wert der Ausgabe Rostgaards nicht hinlänglich würdigte und daß er vor allem nicht die Zuverlässigkeit von dessen lateinischer Version erkannte. Auch irrt er sich bezüglich der Monseer Fragmente, wo er mehrfach lateinische Parallelen zur althochdeutschen Überlieferung behauptet, die infolge Blattverlustes (in den Monseer Fragmenten stehen ja die beiden Texte auf gegenüberliegenden Seiten, nicht wie im Pariser Codex zweispaltig auf der gleichen Seite) gar nicht vorhanden sind.

7. George A. Hench, Der althochdeutsche Isidor, Facsimile-Ausgabe des Pariser Codex ... (Quellen und Forschungen z. Sprach- und Culturgesch. der german. Völker, Band LXXII), Straßburg 1893.

XII

Henchs Ausgabe mit ihrer guten photographischen Wiedergabe der Pariser Handschrift ist und bleibt das Standardwerk der Isidorforschung. Ihr Wert ist zu gut bekannt, als daß er noch besonders hervorgehoben werden müßte. Eine gewisse Schwäche des Werks liegt allein darin, daß Hench dem lateinischen Text weniger Aufmerksamkeit widmete. Auch sein Urteil (S. XVII), der lateinische Text von P sei die Vorlage der althochdeutschen Übersetzung gewesen, ist in dieser apodiktischen Form gewiß nicht aufrechtzuerhalten. Zwar schöpfte der Übersetzer aus einer sehr nahe verwandten und von anderen Rezensionen deutlich unterschiedenen Vorlage, die aber doch in manchen Einzelheiten von dem überlieferten Pariser lateinischen Text abwich. Übrigens ist auch das Latein der Monseer Fragmente nicht vollständig identisch mit dem des Pariser Codex, selbst wenn man von orthographischen Unterschieden und Schreiberversehen absieht. Diese Verhältnisse wie auch die schon von Hench getroffene Feststellung, daß die Pariser und die Monseer Fassung des althochdeutschen Textes voneinander unabhängig aus gemeinsamer Grundlage entstanden sind, sollten für die Erforschung der Textgeschichte stärker in Betracht gezogen werden, als es gemeinhin geschieht. Da wir es bei der Pariser Fassung sicher nicht mit dem Original, sondern mit einer Abschrift zu tun haben, verliert die immer noch unbeantwortete Frage nach ihrem Entstehungsort erheblich an Gewicht. Über die geistige Heimat des Isidor-Übersetzers würde auch eine Lokalisierung der Pariser Handschrift keine Auskunft geben.

Die genauere Untersuchung dieser vielschichtigen Zusammenhänge kann in der Einleitung zu einer Ausgabe nicht geführt werden. Nur soviel sei gesagt, daß es mir angesichts der geschilderten Sachlage ein lohnendes Ziel zu sein schien, dem lateinischen Text mehr Aufmerksamkeit zuzuwenden, als es bisher geschehen ist. Zunächst habe ich die von Hench nicht genügend berücksichtigte lateinische Fassung der Monseer Blätter auch dort herangezogen, wo sie nicht vom deutschen Text begleitet ist; so ergaben sich immerhin einige im Apparat angegebene, nicht unwichtige

Textvarianten. Außerdem verdanke ich einem glücklichen Zufall wichtige Förderung. In Holtzmanns Ausgabe, die ich in einem Exemplar der Landesbibliothek Karlsruhe benutzen konnte, fand sich zum lateinischen Text eine umfangreiche Kollationierung mit dem Einsiedler Codex Nr. 169, die nach Auskunft der Bibliothek von Alfred Holder stammt. Bei einem zweitägigen Besuch in der Abtei Maria Einsiedeln/Schweiz konnte ich dann die Handschrift einsehen und Holders Angaben nachvergleichen.

Es handelt sich um einen Sammelband, über dessen Inhalt man P. Gabriel Meier O.S.B., Catalogus Codicum Manu Scriptorum qui in Bibliotheca Monasterii Einsidlensis O.S.B. servantur, Leipzig 1899, S. 135, vergleiche. Meier datiert die drei Bestandteile des Codex auf das 10. bis 11. Jahrhundert; doch halte ich dafür, daß der ursprünglich eine selbständige Handschrift bildende Isidor-Traktat noch im 9. Jahrhundert geschrieben wurde. Er umfaßt 32 Pergamentblätter, von denen das erste leer ist. Der mit fester, geringfügig rechtsschräger Hand geschriebene Text enthält viele Fehler, obwohl sehr zahlreiche Rasuren und von der Hand des Schreibers stammende Korrekturen die Bemühung um eine sorgfältige Wiedergabe des Textes erkennen lassen. Das Pergament ist von besserer Qualität als das des Pariser Codex, wirkt aber ebenfalls zusammengesucht. Ältere Zeilen- und Randritzungen, davon mindestens ein Blatt (fol. 20) zweispaltig, wurden von dem Schreiber des Traktats nicht beachtet. (Einen mit Eins. 169 nahezu identischen Text enthält der sehr sorgfältig geschriebene, jüngere Cod. Eins. Nr. 168. Soweit ich mich bei rascher Prüfung überzeugen konnte, stimmt er mit Nr. 169 in Auslassungen und Fehlern so völlig überein, daß ich ihn für eine Abschrift aus 169 halten möchte. Für die vorliegende Ausgabe brauchte er jedenfalls nicht in Betracht gezogen zu werden.)

Bei aller Fehlerhaftigkeit und manchen Abweichungen im einzelnen zeigt Cod. Eins. 169 doch eine überraschende Nähe zum Pariser Codex, und zwar bald zu dessen lateinischem, bald zum althochdeutschen Text. Er mußte daher in unserer Ausgabe berücksichtigt werden. Die ganze Fülle der weitverzweigten Isidor-

Handschriften heranzuziehen, hätte dagegen unser bescheidenes Ziel bei weitem überschritten. Aber jedenfalls habe ich außer der Pariser, Monseer und Einsiedler Handschrift noch zwei spätere lateinische Ausgaben herangezogen, die z. T. auch von früheren Herausgebern benutzt worden sind. Es sind:

1. Jacobus du Breul, Sancti Isidori Hispalensis Opera Omnia Quae Extant, Tomus I, Paris 1601, S. 543–549. (In Saarbrücken benutzt in einem Exemplar, das die Bibliothèque Nationale in Paris freundlich zur Verfügung gestellt hatte.) Die Rezension du Breuls, obwohl in vielen Einzelheiten abweichend, steht aufs Ganze gesehen der in der Pariser Handschrift vorliegenden Fassung weit näher, als die andere, die auch schon Hench herangezogen hatte. Es ist dies:

2. Faustino Arevalo, S. Isidori Hispalensis episcopi Hispaniorum Doctoris opera omnia, Tomus VI, Rom 1802, von mir benutzt in dem Abdruck bei Migne, PL. 83, Paris 1862.

Die Handschriften und Ausgaben, die ich benutzt habe, sind im Apparat wie folgt zitiert:

Par. Codex Parisinus Nr. 2326 (die Bezeichnung durch Par. ist
    unterblieben, wo Mißverständnisse ausgeschlossen sind)
Mons. Codex Nr. 3093* der Österreichischen Nationalbibliothek
    Wien, aus dem Kloster Monsee stammend
Eins. Cod. 169 der Stiftsbibliothek Maria Einsiedeln
B   die lat. Ausgabe des Jacobus du Breul
A   die lat. Augabe des Faustino Arevalo
P   die Ausgabe des Palthenius
S   die Ausgabe Schilters
R   die Ausgabe Rostgaards
G   die Ausgabe Graffs
H   die Ausgabe Holtzmanns
W   die Ausgabe Weinholds
He die Ausgabe Henchs.

Der Apparat der vorliegenden Ausgabe hatte sich, da er einem Lesetext beigegeben wird, auf die notwendigsten Angaben zu beschränken. Daher wird Henchs Ausgabe nur angeführt, wo ich glaubte, von seiner Auffassung abweichen zu sollen. Die zahllosen Lese- und Druckfehler der älteren Ausgaben im Apparat zu wiederholen, hielt ich nicht für wünschenswert. Jedoch habe ich die älteren Lesungen überall dort angegeben, wo Henchs Faksimilia (auf welche im Apparat, soweit erforderlich, durch ein »vgl. Faks.« hingewiesen wird) zur Entscheidung nicht ausreichen und wo auch die Handschrift selbst infolge ihres stellenweise schlechten Zustandes Zweifel offenläßt. Was den lateinischen Text angeht, so habe ich orthographische Unterschiede der Handschriften und der Ausgaben überhaupt nicht berücksichtigt, sondern bin überall der Pariser Handschrift gefolgt. Es ergab sich aber, daß auch die sehr vielen, zum Teil weit voneinander abweichenden lateinischen Lesarten den Apparat allzu stark hätten anschwellen lassen. Daher habe ich mich entschlossen, nur diejenigen Varianten aufzunehmen, die entweder für die Filiation der Handschriften, insbesondere der Pariser und der Einsiedler, oder aber für die Beurteilung der mutmaßlichen Übersetzungsgrundlage des althochdeutschen Textes von Belang schienen. Wert gelegt habe ich auch auf die Angabe der Groß- und Kleinschreibung in den lateinischen Handschriften und hilfsweise auch in den Ausgaben du Breuls und Arevalos (obwohl diese den Handschriften gegenüber eine weit geringere Zeugniskraft haben). Denn die durch Großbuchstaben erreichte Gliederung des lateinischen Textes erweist sich als wichtiges textkritisches Hilfsmittel zur Beurteilung der Übersetzung und ihrer Vorlage. Da allerdings, wie schon Henchs Abbildungen erkennen lassen, im Pariser Codex die Großbuchstaben meist nicht durch besondere Majuskeln, sondern nur durch mehr oder minder verstärkte oder vergrößerte Minuskeln dargestellt werden, ist die Entscheidung für Groß- und Kleinschreibung nicht überall gleich sicher. Den Apparat auch noch mit den entsprechenden Hinweisen auf die älteren Ausgaben von Palthen bis Weinhold zu belasten, erübrigte sich, da sie außer Rostgaard und Holtzmann, auf die gelegentlich verwiesen wird, ganz nach eigener Willkür verfahren.

Die Ausstattung der vorliegenden Ausgabe als Lesetext nötigte mich ferner dazu, auf die Angabe zweier handschriftlicher Besonderheiten zu verzichten, die genauerer Darstellung bedürften. Vor allem muß ich mit Bedauern auf eine ausführliche Darstellung des in seinen Grundzügen recht klaren Interpunktionssystems der Pariser Handschrift verzichten. Der einfache Punkt, meist in mittlerer Zeilenhöhe angebracht, wird hier nicht selten zur Trennung der Wörter voneinander, manchmal sogar der Silben, verwendet, hat aber auch syntaktische Bedeutung, da er oft einzelne Kola oder Nebensätze abtrennt. Zur Trennung der Kola wird im althochdeutschen Text, in wenigen unsicheren Belegen auch im lateinischen, häufiger ein unserem Ausrufzeichen ähnliches Zeichen verwendet, das aus einem Punkt mit schräg darübergesetztem Haarstrich besteht. Der Strichpunkt, im Schriftbild dem heutigen Semikolon vergleichbar, bezeichnet die stärksten Einschnitte und steht in der Regel nur am Ende ganzer Sätze. Am Satzende kann allerdings auch, besonders vor Großbuchstaben, ein einfacher Punkt stehen, und fallen Satz- und Zeilenschluß zusammen, so fehlt oft jegliches Interpunktionszeichen. Die Interpunktion ist in Henchs Faksimilia zuweilen nicht deutlich genug zu erkennen. Sie würde eine eigene Untersuchung verdienen, die hier nicht geführt werden kann. Der scheinbar einfachste Ausweg, die Ausgabe mit der Original-Interpunktion auszustatten, erwies sich ebenfalls als ungangbar. Das hätte in einem zur Lektüre bestimmten Text nur Verwirrung angerichtet. (Man vergleiche daraufhin Henchs Ausgabe der Monseer Fragmente.) Dem Zweck unserer Ausgabe entsprechend, konnte nur eine maßvolle Interpunktion nach modernen Gesichtspunkten in Betracht kommen.

Der zweite Verzicht betrifft die Kennzeichnung der aufgelösten Abkürzungen. Vor allem der lateinische Text der Pariser Handschrift zeigt ein (weitgehend mit der Einsiedler Handschrift übereinstimmendes) gut ausgearbeitetes, systematisches Abkürzungsverfahren. Abgekürzt werden vor allem die Nomina sacra, eine große Zahl häufig gebrauchter Wörter, die Präfixe, Nominal- und Verbalendungen und gewisse Lautverbindungen. Im althochdeutschen Text werden hauptsächlich die Nomina sacra abgekürzt wiedergegeben; sonst kommt vor allem die Abkürzung der Endung -er durch einen wagerechten Strich und – seltener – der Nasalstrich vor. Man gewinnt den Eindruck, daß der Schreiber sich bemühte, die Errungenschaften der voll entwickelten lateinischen Schreibtradition mit vorsichtigem Bedacht auch auf das Althochdeutsche anzuwenden. In einem Lesetext müssen die Abkürzungen natürlich aufgelöst werden, wenn ich auch in meinem ersten Manuskript dieser Ausgabe die Kennzeichnung der aufgelösten Abkürzungen durch Schrägdruck vorgesehen hatte. Aber ihre Zahl ist so groß, daß die Lesbarkeit des Textes durch das unruhige Druckbild beeinträchtigt worden wäre. So habe ich auf die Kennzeichnung verzichtet, was mir hier leichter fiel als hinsichtlich der Interpunktion, da Henchs Abbildungen ein genaues Studium des Abkürzungsverfahrens ermöglichen.

Um der Zweckbestimmung der Ausgabe willen schien es mir ferner gut, den bislang in keiner Ausgabe berücksichtigten Anfang des lateinischen Traktats abzudrucken. Ich übernehme ihn aus Cod. Eins. 169. Der Leser wird auf diese Weise in den Gedankengang Isidors eingeführt und erkennt gleichzeitig, wie wenig althochdeutscher Text am Anfang verlorengegangen ist. Denn schon im fünften Abschnitt des ersten Kapitels setzt ja ein Blatt der Monseer Fragmente mit Bruchstücken des althochdeutschen Textes ein. Folgerichtig habe ich die beiden ersten Monseer Blätter, wie es dem Verlauf des lateinischen Textes entspricht, vor dem Pariser Text eingeordnet. Die drei weiteren Blätter aus Monsee, die sich mit der Pariser Handschrift decken, sind an den ihnen zukommenden Stellen im Apparat berücksichtigt. Jedoch habe ich nur diejenigen Varianten aufgenommen, die im Wortlaut oder in der Formbildung von der Pariser Fassung abweichen; Unterschiede der Orthographie und des Dialekts blieben unberücksichtigt. Dies war um so eher angängig, als eine Gesamtausgabe der Monseer Fragmente in der Altdeutschen Textbibliothek bevorsteht, in der die den Althochdeutschen Isidor enthal-

tenden Blätter abermals ediert werden müssen, dort natürlich im vollen Wortlaut.

Bei der Wiedergabe der Monseer Blätter glaubte ich, wiederum im Interesse eines lesbaren Textes und um den Zusammenhang weitmöglichst herzustellen, mit Ergänzungen nicht sparen zu sollen. Soweit mir aus der Kenntnis des Sprachgebrauchs unseres Denkmals eine Wiederherstellung des verlorenen Textes hinlänglich gesichert schien, habe ich sie vorgenommen. Das Verfahren erreicht aber dort seine Grenzen, wo Wortwahl und Wortstellung oder die Formenbildung verschiedene Lösungen ermöglichten. Mit diesen Ergänzungen, die weit über Henchs (im Apparat bezeichnete) Ansätze hinausgehen, wird allerdings der Boden des sicher Wißbaren verlassen. Dennoch mögen sie als Hilfen für das Verständnis des Textzusammenhanges dienlich sein, und sie sind im übrigen durch Kursivdruck warnend gekennzeichnet.

An wenigen Stellen mußte, meist im Einklang mit früheren Herausgebern, auch in die Pariser Überlieferung korrigierend eingegriffen werden. Soweit es sich dabei um Änderungen am überlieferten Text handelt, sind auch diese kursiv gedruckt und zudem im Apparat nachgewiesen. Aber auch im Pariser Text war hie und da ein Wort zu ergänzen, das dann ebenfalls in Kursiv gesetzt ist. Unter diesen Ergänzungen bedarf nur eine einschneidende Änderung, die ich vorgenommen habe, besonderer Erwähnung. In der Zeile 665, wo spiritus sapientiae et intellectus zu übersetzen war, ist die althochdeutsche Überlieferung zweifellos gestört. Doch scheint es mir unzulässig, die Störung durch die schon von Rostgaard stammende, aber durch ihr Alter nicht glaubhafter gewordene Konjektur firstand endi (statt des Partizips firstandendi) chidhanc bessern zu wollen. Ein solcher Wortlaut entspräche nicht der Übersetzungsweise des althochdeutschen Isidor. Ich bin vielmehr überzeugt, daß die Übersetzung von spiritus sapientiae durch ein Schreiberversehen ausgefallen ist, und mußte dieser Überzeugung gemäß versuchen, die Lücke durch eine konjizierende Ergänzung zu schließen.

Meine von Hench abweichende Textanordnung mit der Wie-

dergabe des lateinischen Anfangs und der Einordnung zweier
Monseer Blätter vor dem Einsetzen des Pariser Textes zwang
mich dazu, eine eigene und neue Zählung nach Druckzeilen ein-
zuführen. Um jedoch einen mühelosen Vergleich mit Hench und
aller auf ihn bezogenen Sekundärliteratur zu ermöglichen, habe
ich überall Henchs Seitenzählung und seine mit den Handschriften übereinstimmende Zeilentrennung kenntlich gemacht. Ich
hoffe, daß äußerlich auf diese Weise, innerlich aber durch die
Berücksichtigung aller früheren Editionen die Kontinuität der
Forschung gewahrt bleibt. Möge die neue Ausgabe als Fortset-
zung des Ringens um eine gesicherte Überlieferung verstanden
werden und den Benutzern willkommen sein.

Saarbrücken, im Herbst 1964   *Hans Eggers*

TEXT

ISIDORI HISPALENSIS EPISCOPI DE FIDE CATHOLICA EX VETERI ET NOVO TESTAMENTO CONTRA IUDAEOS AD FLORENTINAM SOROREM

I.

QUOMODO CHRISTUS A DEO PATRE GENITUS EST.

1. Iudei nefaria incredulitate christum dei filium abnegantes, impii, duri corde, prophetis ueteribus increduli nouis obstrusi, aduentum christi malunt ignorare quam nosse, negare quam credere. Quem enim uenturum accipiunt, 5 uenisse iam nolunt. Quem resurrecturum legunt, resurrexisse non credunt.

2. Sed ideo ista non intellegere se fingunt, quia sacrilegio suo hec impleta cognoscunt. Ad quorum refellendam perfidiam quaedam ex ueteri testamento adgregauimus testi- 10 monia, quibus christum genitum ab omnipotente patre cognoscant ipso testante: ›Tecum principium in die uirtutis tuę, in splendoribus sanctorum, ex utero ante luciferum genui te‹. Ex utero itaque, id est ex illa intima et inconpre-

---

1–91 Der in Par. bzw. Mons. nicht überlieferte lat. Text ist aus Eins. abgedruckt
1 Quomodo] Quod A
3 duri c.] duricordes A
6 resurrecturum] resurrectum A
12–14 Ps. 109,3

2

DIE ALTHOCHDEUTSCHE ÜBERSETZUNG:
DER ALTHOCHDEUTSCHE ISIDOR

hensibili patris substantia siue ex illo diuino atque inmenso 15
paterni pectoris archano, quo pater genitor de corde bono
bonum eructat uerbum.

3. *Sicut et alias ipse ait: ›Eructauit cor meum uerbum*
bonum‹. Atque alibi ipse pater sic dicit: ›Filius meus es tu,
ego hodie genui te‹. Quod non est dictum dauid neque ulli 20
sequentium regum. Nam et ibi additur: ›Pete a me et dabo
tibi gentes hereditatem tuam et possessionem tuam termi-
nos terrę‹. Quod neque dauid neque genti hebreorum con-
cessum est nisi tantummodo christo, cuius nomen est per
omnes gentes diffusum, cui reges obediunt et gentes seruiunt. 25
Sicut et alibi de eo scribtum est: ›Adorabunt eum omnes
reges terrę, omnes gentes seruient ei‹.

4. *Item salomon, dum patris nomen mysteriumque natiui-*
tatis christi secundum deitatem uellet agnoscere, his uerbis
intonat in prouerbiis dicens: ›Quis ascendit in cęlum atque 30
descendit? Quis conligauit aquas quasi in uestimento? Quis
suscitauit omnes terminos terrę? quod nomen est illi? Aut
quod nomen filii eius, si nostis?‹

---

15   Siue Eins.
16   Quo Eins. bono] fehlt A
17   eructuat Eins.
18   alibi ipse] ipse alias A   Eructuauit Eins.
18–19 Ps. 44,2
19   Atque A] Ad quem Eins.   dicit] dixit A
19–20 Ps. 2,7
21   et] fehlt A
21–23 Ps. 2,8
25   cui et A
26   adorabunt Eins.
26–27 Ps. 71,11
30–33 Prov. 30,4
33   nostis] nosti A

*5. Hunc filium dei in danihelo rex ille impius aspiciens dixit:
›Ecce ego uideo uiros quatuor solutos et ambulantes in medio* 35
*ignis, et nihil corruptionis in eis est et species quarti similis
filio dei‹. Quem fideliter credimus nec ullatenus dubitamus
dominum saluatorem esse. Sed obicitur quod in danihelo iste
filius dei superius etiam angelus nominatur. Adsentio; nam
et christus filius dei angelus dicitur. Sic enim ait propheta de* 40
*ipso: ›Ueniet ad templum sanctum suum dominator, quem
uos quaeritis, et angelus testamenti, quem uos desideratis‹.*

*6. Christus enim in eo quod a patre genitus est, filius dei
uocatur, in eo uero, quod sepe a patre missus ad adnun-
tiandum patribus legitur, angelus nominatur. De quo etiam* 45
*ipse pater ad legislatorem ita protestatur dicens: ›Ecce
mitto angelum meum, qui praecedat et custodiat te in uia
et introducat ad locum, quem paraui. Obserua eum et audi
uocem eius nec contempnendum putes, qui non dimittet,
cum peccaueritis, et est nomen eius in illo‹.* 50

*7. Quis est ergo iste angelus, cui deus dat potestatem suam?
Dedit et nomen. Quodsi dicitur aliqua alia est potestas*

35–37 Dan. 3,92
36   nihil – et A] fehlt Eins.
38   esse A] fehlt Eins.
41–42 Mal. 3,1
44   ad A] fehlt Eins.
46–50 Exod. 23,20 f.
48   ad] in A
49   qui] quia A
50   peccaueritis Eins. B] peccaueris AHe; vgl. die Übersetzung
       eius] meum A
51 f. dat – nomen] et potestatem suam dedit et nomen A
52   Quodsi A] Quia si Eins.

6

5. ‖ Mons. 32 He ‖

zuiflomes |

stritant | ... |

... | 5 | sun go-|*tes*   *Sus*

40   gauuisso quad | *der forasago*   sinemo |

den ir sohhet, | *des ir neotot.* | 10 |

6.   *daz er fona fater ist gaboran, gotes* |

sunu ist ganemnit   ist galesan |

45   *bifora za* chun*denne* |

fona demo selbo | *fater*   *bifora*

chun*dita, quad:* | 15 | enti

dih | *za deru steti,* | *dea ih garauuida.*

imo | *du inan* |

50   suntot | 20 |

7. *Huuer ist* danne | *dese aengil*   gauualtida |
                                                         |

Ergänzungen *kursiv.* Zu 37–82 sind die von Hench vorgenom-
menen Ergänzungen im Apparat mit der Sigle He gekennzeichnet. Für das im Apparat nicht Angeführte trage ich selbst die
Verantwortung.
38   stritant He
39   gotes He
40   gauuisso He
42   neotot He
43   gaboran He
44,2 ist He
45   bifora za chundenne He
46   fona He
46 f. bifora chundita He
47   enti] Reste des e in der Hs. noch erkennbar
49   imo He
51   danne He   gauualtida He

angelica, hoc nefas est credere. ›Quis enim in nubibus
aequabitur domino, aut quis similis erit deo inter filios
dei?‹ Qui enim non aequabitur natura, non potest aequari   55
et nomine. Ipse est enim filius, qui semper a patre missus
‖ Mons. 32 v ‖ uisibiliter apparebat hominibus. | Ex ipsa
ergo missione angelus recte nuncupatur. | Esaias autem
apertius filium a deo genitum | confirmans ita adnuntiat:
›Uox domini | 5 | reddentis retributionem inimicis suis‹.   60
Ipsis | uidelicet iudeis, qui non credunt. | ›Antequam par-
turiret, peperit, | et antequam ueniret partus eius, peperit
masculum‹. |

8. Quasi aperte diceret: | 10 | Antequam christum uirgo
parturiret in carne, | genuit filium in diuinitate pater, et   65
antequam | tempus uirginis parturiendi ueniret, genuit
eum | sine tempore pater. Unde inferius ait: | ›Quis audiuit
umquam tale aut quis uidit | 15 | huic simile‹? Re uera,
quia nihil|tale in hominibus accidit|aut quippiam simile.|
Et post hec subiunxit: ›Numquid qui alios parere facio, | 70

---

53   est A]esse Eins.
53–55 Ps. 88,7
54   aequabitur] aequatur A   nature Eins.
57   Mit uisibiliter beginnt auf Bl. 32 v der lat. Text Mons.
58   ang. recte] recte angelus A   nuncupabatur] n und pa über-
      geschrieben, es stand nucubatur Eins.
60   Is. 66,6   reddentis] reddentes Mons.
61   iud. qui non cr.] qui non credunt iudeis Eins.
61–63 Is. 66,7
64   christum] fehlt B
65   in diu. pater A] Pater diuinitate Eins.
67 f. Is. 66,8
68   Re uera A] reuera Eins.
69   quippiam A] quispiam Eins., uspiam B
70   Et] fehlt B   subiunxit] subiungit A   Numquid A] numquid
      Eins.
70-72 Is. 66,9

truhtine | *gote untar* allem | *gotes sunim*

55 | *der*

selbo |30| *gauuisso ist sunu, der simbles fona fater* gasentit
‖ Mons. 33 He ‖ *augta* sih sid auar az aucsiuni ma*n*no. |
Fona deru selbun sentidu ist a*n*gil ... *ganemnit.* | *Isaia*s auh
offonor den selbun *sunu fona fater* ga-|*boranan* gafestinota,

60   duo er qua*d*: ›*Truhtines stimna* | 5 | *gel*denti uuidarloon
sinem *fiantum*‹, *bauh-|nen*ti dea selbun iudeoliuti, de*a ni
galaubant.* | *Sus* chuad auh der forasago: – A*er danne* ... |
gabar, enti aer denne iru biqu*ami* ... | *gabar* manchunt‹.

8. So selbo der f*orasago offono* | 10 | *qua*ti: Aer danne diu
65   magad christan *gabar in fleische,* | *gabar sunu in* sineru
gotnissu *fater, enti aer danne* | *der*a magadi ziit biquami
za *gaberanne, gabar inan* | *fater* ano einigero ziteo bigin.
U*mbi diz quad* | *der* forasago dar after: ›Huuer *ist, der
eo* ... *ga-*| 15 |*horti,* odo huuer gasah eo desiu ... | *gali*hhes

70   eo neouuiht mit mann*um* ... | ... diu eouuiht kalihhes.

54   allem He
56   gasentit He
57   augta He   manno He
58   Fona He   angil] in der Hs. nur a, nicht æ, wie He angibt
       Isaias He
60   Tr. st. geldenti He   uuidarleon Mons.
61   fiantum, bauhnenti He   2 dea He
62   Sus] Duo He   Aer danne He
63,1 gabar He   biquami He
64   forasago He   quati He   diu He] du Mons.
65   christan He   2 gabar He
66   dera He
67   fater ano] Der geringfügige Buchstabenrest des ersten Wortes ist
       am ehesten als r zu deuten. He, der auf Herstellung des Vorher-
       gehenden verzichtet, deutet ihn als n und ergänzt inan
68   Umbi diz He   quad] quidit He   der He   Huuer He
69   gahorti He   galihhes] kalihhes He
70   mannum He

ipse non *pariam? dicit dominus, et qui generationem cete-*
ris | 20 | tribuo, *sterilis ero? dicit dominus‹.* | Quibus omni-
bus testimoniis cogendus est | infidelis, *ut eligat sibi de*
duobus: aut christum | filium dei *credere aut mendaces* |
putare *prophetas,* | 25 | qui ista *cecinerunt.* | 75

II.

QUIA CHRISTUS *ANTE SAECULA INEFFABILITER* |
GENITUS *A PATRE EST.* |

1. Querunt *multi, quando sit dei filius* | genitus, *dum sit*   80
sua nativitate eternus, | 30 | sicut scrip*tum est de eo:*
›Egressus eius a principio, ‖ Mons. 33 a ‖ *a diebus eternita-*
tis‹. Et iterum: | *›Ante solem permanet* nomen eius et ante
lunam sedes *eius‹.* |

2. *Sed et pater eundem* ante luciferum, | *id est ante omnia*   85
tempora genuisse testatur, quod | 5 | *et ipse filius dei,* uer-
bum, uirtus et sapien*tia,* | *de sua natiuitate* confirmat

---

72   sterilis] sterelis Eins.   dicit] ait A   Quibus] Qulbus Mons.
78   Quia Eins. A] Quod B
79   Genitus a p.] a patre genitus A
80   Qu. multi A] Quaerunt tempus Eins., quaeritur tempus und ein
      vorausgehender Satz B
82–91 Die erhaltenen Bestandteile des Textes stammen von der Rück-
      seite des Blattes 33 der Monseer Fragmente; vgl. auch den Ab-
      druck bei He, S. XV
82 f. Mich 5,2
83 f. Ps. 71,17
84   sedes] sedis Mons., e aus i korr. Eins.
85   et] fehlt Eins.
86   quod] Quod Eins.

enti *dar after* | *quad*: ›Inu ga ih andre gaborane *katuoe,*
selbo ni | *gabere?* quad truhtin. Enti ih and*rem* | 20 | g*i*bu
za beranne, sculi ih uuesan *unberandi*‹? | *Mit all*eru deseru
urchundi ist za ... *der* | *ni* galaubit, daz imo zueio cheose:
75   *odo christan gotes* | *sunu* za galaubenne odo lucche ... |
forasagun, dea diz bifora chunditun. | 25 |

II.

UMBI DAZ QUIDIT HEAR HUUEO CHRISTUS |
AER FRUMISCAFTI UNARSAGLIHHO |
UUARD KABORAN FONA FATER. |

80   1. Manage sint sohhenti, in huuelihher*u ziti gotes sunu* |
kaboran uurti, enti er ist eo*uu*esanti *so selb* | 30 | *so* umbi
inan gascriban ist: ›Sin uzg*anc* ‖

85   2.

71   enti He
72   gabere He   andrem gibu He
73   uuesan He   Mit alleru] In alleru He
74   ni He   cheose He
75   sunu He
76   forasagun He   chunditun] chuatun He; vgl. Isid.-Wb., S. 12.
      s. v. canere und die Junius-Glosse 236, 31 cecinit: forachundit
      bei Kögel PBB 9, 331 mit Anm. 4
77–79 Ergänzungen der Überschrift von He
80   Manage] MNage Mons.
80–82 Ergänzungen von He
82   uzganc] uz und Reste eines g in der Hs. zu erkennen

dicens: | ›*Necdum erant abyssi, et* ego iam concepta eram. |
*Necdum fontes aqu*arum eruperant. | *Necdum montes
grau*i mole constiterant, | 10 | *ante colles ego parturie*bar.　90
Adhuc terram ‖ He 1 ‖ non fecerat et flumi-|na et cardines
orbis | terre. Quando praepa-|rabat cęlos, aderam; | 5 |
quando certa lege | et gyro uallabat a-|byssos, quando
appen-|debat fundamenta terrę, | cum eo eram cuncta
compo-| 10 |nens‹.　　　　　　　　　　　　　　　　　　　　　95

3. Tali igitur aucto-|ritate ante omnia sę-|cula filius a
patre ge-|nitus esse declaratur, | quando a patre per illum
| 15 | cuncta creata esse | noscuntur. Illud denu-|o queritur,
quomodo | idem sit genitus, dum | sacrę natiuitatis eius
| 20 | archana nec apostolus dicit | nec propheta conperit |　100
nec angelus sciuit ‖ He 2 ‖ nec creatura cog-|nouit esaia
tes-|tante, qui dicit: ›Gene-|rationem eius quis | 5 | enar-
rauit‹? Idcir-|co si eius natiuitas | a propheta non potu-|it

88–95　Prov. 8, 24–27, 29–30
91　　Mit non fecerat beginnt die erste erhaltene Seite des Codex
　　　Parisinus
92　　cęlos] caelos Mons. Eins.
93　　et gyro RHe] deutlicher Rest der Ligatur & zu erkennen Par.,
　　　bestätigt durch Eins., Lücke Mons., gyro BPSHW
94　　cuncta] das zweite c über der Zeile nachgetragen Par.
97　　illum] illam Mons.
98　　noscuntur] cognoscuntur RHe; Buchstabenreste am Zeilenende
　　　zu erkennen, nicht abgerieben, sondern radiert Par., in Mons.
　　　das Blatt vor noscuntur abgeschnitten, keine Reste einer Vor-
　　　silbe erhalten; noscuntur Eins. BA PSGHW
100　　dicit Par. Mons. Eins. A] didicit B
101　　nec angelus] Nec a. Mons.　esaia] Esaia Eins.
102 f.　Is. 53,8
102　　enarrauit Par. Mons. Eins.] enarrabit Vu, BA

12

‖ He 1 ‖ ›noh umbihringa mittin-|gardes ęrdha. Dhuo ir himilo | garauui frumida, dhar uuas | ih; dhanne ir mit ęrcna euua | 5 | abgrundiu uuazssar umbi-|hringida, dhuo ir ęrdha ste-|dila uuac, mit imu uuas | ih dhanne al dhiz frum-|mendi‹.

3. Mit so mihhiles | 10 | hęrduomes urchundin ist | nu so offenliihho armarit, | dhazs christ gotes sunu ęr al-|lem uueraldim fona fater uuard | chiboran. Dhanne ist nu chichun-| 15 |dit, dhazs fona dhemu almah-|tigin fater dhurah inan ist al | uuordan, dhazs chiscaffanes ist. | Dhazs suohhant auur nu ith-|niuuues, huueo dher selbo sii chi-| 20 |boran, nu so ist in dheru sineru | heilegun chiburdi so daucgal fater | chiruni. Dhazs ni saget apostolus ‖ He 2 ‖

92   himilo] Endung undeutlich, aber gewiß nicht himila HW
garauui frumida He] das zweite a in garauui und rum in fru-mida durch Abreibung zerstört; garuuida SH, garauuida RGW, Hinweis auf Lücke zwischen r und u H
98   uuard RHe] uuardh HW gegen die Hs.
100   uuordan] -dan über der Zeile nachgetragen

13

enarrari, quis | confitebitur nosse, | 10 | quomodo potuit |
a patre filius gene-|rari?   105

4. Hinc est et il-|lud in libro iob: ›sa-|pientiam dei patris   110
| 15 | unde inuenies? la-|tet enim ab oculis ho-|minum et a
uolucribus | caeli absconsa est‹, | id est etiam ipsis an-| 20 |
gelis incognita. | Item ibi: ›Radix sapi-|entię cui reuelata
est‹, ‖ He 3 ‖ origo scilicet filii | dei. Ideoque quod etiam |
super angelorum in-|tellegentiam atque sci-|entiam est,   115
quis homi-|num potest narrare? |

5. Scire autem manifestum | est solum patrem, quo-|modo   120
genuerit filium | 10 | et filius quomodo | genitus sit a patre. |
Siquidem et gignendi | filii queritur ratio, | eo quod filius
non nisi | 15 | ex duobus nascatur. | Habeat, inquam, sibi
hu-|iusmodi generis ortum | condicio caduca | mortalium.

104   confitebitur Par. PSHW] profitebitur Eins. BA, nur ... ebitur
       Mons.
104 f. potuit a patre filius Par. Eins. B HW] filius potuit a patre A,
       Lücke Mons.
110   et illud Par. Mons. Eins. B] illud APHW
110–112 Iob 28, 20–21
112   absconsa Par. Mons. Eins. BA] abscondita PHW. Mit absconsa
       est endet das Blatt Mons. 33 v   id] Id Eins.
113 f. Eccli 1,6
114   etiam] fehlt B
116   quis] Quis Eins.
121   filius Par. Eins. BPSRH] filium AWHe
122   Siquidem] Sic qu. Eins., vgl. die ahd. Übers.   filii] fehlt H

noh forasago ni bifant noh an-|gil gotes ni uuista noh einic
105 chi-|scaft ni archennida. Isaias so | festinoda, dhar ir quhad:
›christes | 5 | chiburt huuer sia chirahhoda‹? | Bidhiu nu,
ibu dher gotes forasa-|go christes chiburt ni mahta ar-|rah-
hon, huuer sih dhes biheizs-|sit sia zi archennenne, huueo
| 10 | dher sunu mahti fona fater | chiboran uuerdhan?

110 4. Umbi | dhazs selba quhad auh in io-|bes boohhum:
›Spahida dhes | gotliihhin fater huuanan | 15 | findis? dhiu
chiholan ist fo-|na manno augom, ioh fona | allem himil-
fleugendem ist | siu chiborgan‹. Siu ist chi-|uuisso selbem
angilum | 20 | unchundiu. So dhar auh ist | chiscriban:
115 ›Dhiu uurza dhera | spaida huuemu siu uuard | antdhechi-
diu‹? ‖ He 3 ‖ Dhiu chiuuisso ist bighin gotes | sunes.
Bidhiu huuanda | dhazs ziuuaare ist ubarhep-|fendi angilo
firstandan ioh | 5 | iro chiuuizs, huuer manno mac | izs
dhanne chirahhon?

120 5. Zi uuizs-|sanne ist nu uns chiuuisso, dhazs | fater einemu
ist dhurahchunt, | huueo ir sunu chibar, endi | 10 | suniu,
huueo ir chiboran uuard | fona fater. So sama auh | nu
dhesses chiboranin sunes | suohhant redha, bidhiu | huuanda
sunu nist, nibu fona | 15 | zuuem chiboran uuerdhe. | Endi

108   archennenne] das zweite e über a
112   himilfleugendem He] (in zwei Wörtern) himil fleugendem
       PSRGH, himiles f. H fragend im App. und sicher Germ I, 462,
       ebenso W; doch vgl. die Fußnote He's zu 2, 17, dessen Beobach-
       tung ich an der Hs. bestätigt finde
115   antdhechidiu] die Angabe von R, a sei über u korrigierend nach-
       getragen, beruht auf Täuschung

Christus enim | 20 | ex patre ita emicuit | ut splendor e   125
lumine, ut | uerbum ab ore, ut | sapientia ex corde. ‖

‖ He 4 ‖   III.
     QUIA CHRISTUS DEUS ET | DOMINUS EST | 130

1. Post declara-|tum christi diuinę | 5 | natiuitatis mys-|
terium deinde quia | idem deus et dominus est | exemplis
sanctarum | scribturarum adhi-| 10 |bitis demonstre-|mus.
Si christus deus non est, | cui dicitur in psalmis: | ›Sedis tua,   135
deus, in saeculum | saeculi, uirga ęqui-| 15 |tatis uirga reg-|
ni tui. Dilexisti | iustitiam et odisti | iniquitatem. prop-|
terea unxit te deus, | 20 | deus tuus, oleo lęti-|tie pre con-
sorti-|bus tuis‹? ‖

                                                            140

2. ‖ He 5 ‖ Quis est igitur iste deus unc-|tus a deo? respon-
deant | nobis. Ecce deus unctus a deo | dicitur, et utique

125   splendor Eins.] splendo Par. He   e] a BA
133   deus et dominus BAPSHWHe] et deus dominus Par. R, et deus
       et dominus Eins.
134   sanctarum Par. BAR] sacrarum Eins. PSHW; die abgekürzte
       Schreibung sc̄arū Par., und die daraus entstellte Form sacrum
       Eins., die durch übergeschriebenes ra zu sacrarum gebessert
       wurde, zeigt, wie die Variante sacrarum entstehen konnte
135   cui] Cui Par., cur Eins.
135–139 Ps. 44, 7–8
138   letitie Par. Eins. BAR] iustitiae PSHW
143   nobis Par. Eins. BR] nobis Iudaei A, nobis increduli PG, vgl.
       die Übersetzung

16

125 hebit zi dhemu selbin sidiu | chiburdi bighin dhiu zifa-|
rande chiscaft dhero dodh-|liihhono. Christus auur sus
quham | 20 | fona fater ziuuaare so selp so | dhiu beraht-
nissi fona sunnun, | so uuort fona munde, so uuiisduom |
fona herzin. ||

III.

130   HEAR QUHIDIT UMBI DHAZS |
              CHRISTUS GOT ENDI DRUHTIN IST. |

1. Aefter dhiu dhazs almah-|tiga gotes chiruni dhera | 5 |
gotliihhun christes chibur-|di chimarit uuard, hear | saar
after nu mit gare-|uuem bilidum dhes heiligin | chiscribes
135 eu izs archun-| 10 |demes, dhazs ir selbo christ | ist chiuuisso
got ioh druhtin. | Ibu christus auur got ni uuari, dhemu in |
psalmom chiquhedan uuard: | ›Dhiin sedhal, got, ist fona
euuin | 15 | in euuin, rehtnissa garda | ist garde dhines riih-
hes. | Dhu minnodos reht endi | hazssedos unreht; bidhiu |
140 auur chisalboda dhih got | 20 | dhiin got mit freuuuidha |
olee fora dhinem chi-|*b*lozssom,‹ ||

2. || He 5 || Huuer ist dhanne dhese chisalbodo | got fona
gote? antuurdeen nu uns | dhea unichilaubendun. See hear |

130f. Die Überschrift in kaum verstärkter Minuskelschrift Par. Die im
       Druck von H angedeuteten Unterschiede zwischen Majuskel und
       Minuskel sind nicht berechtigt
133   hear PSGHUHe] Hear Par. R
136   auur] über der Zeile nachgetragen
138   garde] gardea kj. W
140   freuuuidha] freuuuidhu RH, doch vgl. He zu 4, 20 und Faks.
141   chihlozssom] chilothzssom Par. HWHe, doch vgl. He, S. 79

christus ipsa | 5 | unctione monstratur, | cum deus unctus insinuatur. | Dum enim audis deum unctum, | intellege 145 christum. christus enim | a chrismate, id est ab | 10 | unctione uocatur. Hunc | christum sub persona cyri | per isaiam pater deum et | dominum ita esse testatur dicens: | ›Hęc dicit dominus christo meo cyro, | 15 | cuius adprehendi dextram, | ut subiciam ante faciem | eius gentes et dorsa 150 re–|gum uertam et aperiam an-|te eum ianuas, et portę non | 20 | claudentur. Ego ante te | ibo et gloriosos terrę | humiliabo. ‖ He 6 ‖ Portas aereas conte-|ram et uectes ferre-|os confringam et da-|bo tibi thesauros | 5 | absconditos et ar-| chana secretorum, | ut scias, quia ego dominus, | qui uoco 155 nomen tuum, | deus israhel‹.

160

3. In perso-| 10 |na enim cyri christus | est prophetatus, ubi ei | subiugatę sunt gentes | in fide et regna; prę-|terea, quia nullus | 15 | in regno israhel cy-|rus est dictus. Quod-| si de cyro persarum | rege quis hoc cre-|diderit prophe- 165

146   ab] dahinter un getilgt Par.
148   ita Par. Eins. BR] fehlt A, vgl. die Übersetzung
148–156 Is. 45, 1–3
152   humiliabo] dahinter ein Wort (Portas?) radiert Par.
155   secretorum] dahinter kein Interpunktionszeichen Par. Eins.
       quia Eins.] qᵃ Par.; quod PSHW ego Par. Eins. BAR] ego
       sum PG
163   preterea] p leicht vergrößert Par. (s. Faks.), deutlicher Eins.,
       könnte als Großbuchstabe gelten; vgl. die Übersetzung
164   israhel] h über der Zeile Par.
165   cyro] fehlt R hoc APGW] hec Par. Eins. BRSHHe

nu ist fona gode chiquhedan got chi-| 5 |salbot, endi chi-
145 uuisso ist christus in dheru | selbun salbidhu chimeinit, dhar
chi-|quhedan uuard got chisalbot. Dhar | dhu chihoris umbi
dhen chisalbodon | got meinan, ziuuare firnim dhanne,
| 10 | dhazs dhar ist christ chizeihnit, so auh | fona dhes
chrismen salbe ist chiuuisso | christ chinemnit. Umbi dhesan
150 selbun | christ chundida almahtic fater dhurah | isaian,
dhoh ir in cyres nemin quhadi, | 15 | dhazs ir ist got ioh
druhtin: ›Dhiz | quhad druhtin minemu christe cyre, | dhes
zesuun ih chifenc, dhazs ih fora | sinemu anthluttę hneige
imu dheodun, | endi ih uuendu imu chuningo hrucca, | 20 |
155 endi ih antluuhhu duri fora imu, endi | dor ni uuerdant
bilohhan. Ih faru | dhir fora endi chidhuuingu dhir ‖ He 6 ‖
aerdhriihhes hruomege. Erino | portun ih firchnussu,
iisnine | grindila firbrihhu endi dhiu chi-|borgonun hort
dhir ghibu, | 5 | endi ih uuillu, dhazs dhu firstandes | heilac
160 chiruni. Huuanda ih bim | druhtin, dher dhih nemniu,
isra-|elo got‹.

3. In dhemu nemin cyres | ist christ chiuuisso chiforabo-
| 10 |dot, fora dhemu sindun dheo-|dun ioh riihhi chi-
hneigidiu | in ghilaubin. In andra uuiis | ni uuardh eo einic
165 in israhelo | riihhe cyrus chinemnit. | 15 | Ibu dhanne einic

---

149   chrismen] h über der 7eile   dhesan] Beginn des Fragments
       Mons. 34 He
150   selbun] fehlt Mons.
155   antluuhhu] das zweite u über der Zeile Par. Nachgetragenes u,
       und nur dieses, hat im Cod. Par. stets die spitze Form v; ant-
       luhhu Mons.
157   Erino He] erino Par., gewiß fehlerhaft, vgl. Portas Par. Eins.,
       Aerino Mons
159   endi] Enti Mons.
160   Huuanda Par.] Majuskel wohl unursprünglich, vgl. den lat. Text
       und huuanta Mons.

tatum, | 20 | absurdum et profanum | esse cognoscat, ut |
homo impius ‖ He 7 ‖ et idolatrię deditus | christus et deus
et dominus nuncupetur. | Unde et in translatione | LXX non
habet ›christo meo | 5 | cyro‹, sed habet: ›Hęc | dicit domi-
nus christo meo domino.‹ | Quod in persona speci-|aliter   170
christi domini nostri | accipitur. | 10 |

175

4. Si christus deus non est, | dicant nobis, quem | sit affatus
deus in | genesi, cum dice-|ret: ›Faciamus ho-| 15 |minem
ad imagi-|nem et similitudinem | nostram‹. Sic enim sub-|
iungitur: ›Et creauit | deus hominem, ad imagi-| 20 |nem et
similitudinem dei cre-|auit illum‹. Quęrant | ergo, quis   180
deus creauit ‖ He 8 ‖ aut ad cuius dei ima-|ginem condidit
ho-|minem, quem creauit. |

5. Quodsi respondeant | 5 | ›ad angelorum‹: Num an-|gelus
ęqualem cum deo | habet imaginem? Dum | multum distet   185

impius] dahinter et getilgt   idolatrie Par. Eins. RH] idolo-
       latri(a)e BAPSGW
168   in transl. Par. Eins. AR] translatio B
169,1 habet Par. Eins. BR] habetur A PSHW   2 habet Par. Eins.
       BR] fehlt A, habetur PSHW
170   Quod Par. Eins. PSH] quod RWHe
176   dicant Par. Eins. BPSRH] dicant Iudaei AW (das Substantiv in
       Klammern W)   nobis] fehlt B
177f. Gen. 1,26
179f. Gen. 1,27
185   Dum Par. Eins. R] dum APSHW, cum B   distet Par.
       BAPSRHWHe] distat Eins., vgl. die Übersetzung

20

chilaubit, | dhazs dhiz fona cyre per-|sero chuninge sii
chifora-|bodot, bichnaa sih dher, dhazs | izs uuidharzuomi
endi heidhan-| 20 |liih ist eomanne zi chilaubanne, | dhazs
dher aerloso man endi | dher heidheno abgudim ‖ He 7 ‖
170 gheldendo christ, got endi druh-|tin uurdi chinemnit. Umbi
dhiz | nist auh so chiscriban in dhero | sibunzo tradungum:
›Minemu ¦ 5 | christe cyre‹, oh sie scribun: ›Dhiz quhad |
druhtin minemu christe druhtine‹. | Endi ioh dhazs ist nu
unzuui-|flo so leohtsamo zi firstan-|danne, dhazs dhiz ist
175 chiquhedan | 10 | in unseres druhtines nemin. |

4. Ibu christ got nist, sagheen nu | dhea unchilaubun uns,
zi huuemu | got uuari sprehhendi in genesi, | dhar ir
quhad: ›Duoemes mannan | 15 | uns anachiliihhan endi in
unse-|ru chiliihnissu‹. So dhar auh after | ist chiquhedan:
180 ›Endi got chiscuof | mannan, anachiliihhan endi | chiliih-
han gote chifrumida dhen‹. | 20 | Suohhen dhea nu auur,
huuelih got | chiscuofi odho in huuelihhes got-|nissu ana-
chiliihhan mannan ‖ He 8 ‖ chifrumidi, dhen ir chiscuof. |

5. Ibu sie antuurdant endi quhe-|dant ›in angilo‹: Inu ni
185 angil nist | anaebanchiliih gote? Dhanne | 5 | so dhrato

166   dhiz] fehlt Mons.
167   bichnaa] bichnae Mons.
169   heidheno] heidano Mons.
170   gheldendo] keltanteo Mons.
171   sibunzo Mons. W] siibunzo Par. PSRHHe
173   Endi] enti Mons.
174   so] fehlt Mons.   firstandanne] firstandanne dhanne (durch Ditto-
      graphie und Konjektur) W
177   Rechts am Rande neben Zeile He 7, 14 von etwas jüngerer Hand:
      amen, amen dico | mundus plora-|bit et uos
178   mannan] man Mons.
180   mannan] man Mons.   endi chil.] fehlt R
182   hunelih bis in] fehlt R
184   antuurdant] antuurtent Mons.
185   gote] Ende von Mons. 34 He   Dhanne] dhanne PSW

imago | creaturę ab eo, qui | 10 | creauit? Aut numquid |
angelus cum deo potuit | facere hominem? quod ita | existi-
mare magnę | dementię est. Cui ergo dicitur | 15 | aut ad
cuius imagi-|nem conditus homo | creditur, nisi ad eius, |
cuius una imago cum | deo est et unicum no-| 20 |men   190
diuinitatis est? |

6. Item si christus dominus non est: | Quis dominus pluit
ignem in sodo-'mis a domino? ‖ He 9 ‖ Sic enim ait in
genesi: | ›Et pluit dominus super sodo-|mam et gomurram !   195
su*l*phur et ignem a domino‹. | 5 | In qua sententia nemo |
dubitet secundam | esse personam. Nam quis | est ille
dominus nisi procul | dubio filius a patre? | 10 | Qui semper
ab eodem pa-|tre missus descende-|re solitus est et ascen-|
dere. Quo testimonio et deitas et distinctio | 15 ¦ persona-   200
rum patris fi-|liique luce clarius de-|monstratur.

189   nisi Mons. 34 v., das mit diesem Wort beginnt, Eins. BAR] Nisi
        Par.
190   cuius Par. Mons. Eins. BPSRHWHe] cui A
191   est Par. Mons. BARSHW] fehlt Eins. PG
193   Quis Par. Mons. R] quis Eins. BAPSGHWHe, wozu die ahd.
        Übersetzung stimmt
194   ignem Mons. Eins. BA] fehlt Par.
195 f. Gen. 19,24
196   sulphur Mons. Eins.] suphur Par.
197   dubitet Mons. Eins.] dubitat Par. BAPSRGHWHe; vgl. die
        Übersetzung
198   Qui Par. Mons. Eins. R] qui BAPSGHW
200   Quo Par. Mons. APRG] quo Eins. BSHW

mihhil undarscheit | ist undar dhera chiscafti chi-|liihnissu
endi dhes izs al chi-|scuof. Odho mahti angil | so sama so
got mannan chi-| 10 |frumman? Dhazs so zi chi-|laubanne
mihhil uuootnis-|sa ist. Huuemu ist dhiz nu zi | quhedanne
190 odho zi huues | chiliihnissu uuardh man chi-| 15 |scaffan,
nibu zi dhes, dher | anaebanliih ist gote endi | chinamno ist
mit | godu?

6. Endi auh ibu christus druh-|tin nist, huuelih druhtin
| 20 | regonoda fyur in sodoma | fona druhtine? So chi-
195 uuisso | chiscriban ist in genesi: ‖ He 9 ‖ ›Endi regonoda
druhtin fona | druhtine ubar sodomam | endi gomorram
suuebul endi | fyur‹. In dhesemu quhide | 5 | ni bluchisoe
eoman, ni dhiz sii | chiuuisso dher ander heit go-|des, selbo
druhtin christ. Endi | huuer ist dhanne dher druhtin, nibu |
200 ist zi ęrnusti sunu fona fater? Dher | 10 | simbles fona
dhemu fater chisendit | chiuuon ist fona himile nidhar-|
quheman endi uphstigan. Mit | dheseru urchundin dhi*u*
eina | gotnissa endi u*n*darscheit | 15 | dhero zuuciio heido
fater endi | sunes hluttror leohte ist ar-|augit.

187   chiscuof] i am Zeilenende nicht ausgelassen, wie He meint, son-
       dern abgerieben
189   Huuemu] huuemu H
201   himile Par.] stark berieben; zweifelnd himila H
202 f. dhiu eina WHe] dhea einun Par.
203   undarscheit] urdarscheit Par., schon von P und S gebessert

7. Item si | christus dominus non est, de quo | dicit dauid   205
in psalmo: | 20 | ›Dixit dominus domino meo: sede | a dextris
meis‹? Qui dum | idem christus secundum carnem ‖ He 10 ‖
sit filius dauid, In spiritu tamen | dominus eius et deus est. |
Si christus dominus non est, de | quo ait dauid in li-| 5 |bris
regum: ›Dixit uir, | cui constitutum est, | de christo dei   210
iacob, | egregius psalta | israhel: spiritus domini lo-| 10 |
cutus est per me et | sermo eius per linguam | meam‹?

8. Item si christus | dominus non est, quis est | ille dominus   215
exercituum, | 15 | qui a domino exercituum | mittitur? Ipso
dicen-|te in zacharia: ›Hec | dicit dominus deus exerci-
tuum: | Post gloriam misit | 20 | me ad gentes, que | expo-
liauerunt uos. Qui enim | tetigerit uos, tangit ‖ He 11 ‖
pupillam oculi eius; quia | ecce leuabo manum me-|am   220
super eos, et erunt preda | his, qui seruiebant sibi, et | 5 |
cognoscetis, quia dominus ex-|ercituum misit me‹.

205   dicit Par. Mons. Eins. B] dixit A
206   in] letztes leserliches Wort Mons. Bl. 34 v   psalmo Par. Eins.]
       psalmis B, vgl. die Übersetzung
206 f.   Ps. 109,1
206   a Eins. BA] ad Par.
207   Qui d. i. chr. Par. Eins.] id est qui dum christus B
208   In Par. (langes i, das allerdings auch in Minuskelgeltung vor-
       kommt, vgl. Anm. zu ahd. 656)] in Eins. BAPSRGHW
209   libris] Endung stark berieben, -o nicht auszuschließen Par.; libris
       Eins. BA; libro PSRGHWHe
210–212   2. Reg. 23, 1–2
211   psalta Par. Eins. R] psalmista BAPSGHW
217–222   Zach. 2, 8–9
218   Post Par. Eins R] post BAPSGHW
219   Qui Par. (vergrößertes q), Eins. AR] qui BSHe   Qui enim tet.
       uos Par. Eins. BA] die Worte fehlen HW   tangit Par. Eins.]
       tanget BAW
220   eius Par. BA] mei Eins.

205 7. Inu ibu christus druhtin nist, | umbi *huuenan* dauid in
     psalmom | quhad: ›Quhad druhtin druh-| 20 |tine minemu:
     sitzi azs zes-|uun halp miin‹? Dhoh christus in | dhes flei-
     sches liihhamin || He 10 || sii dauides sunu, Oh ir ist chiuuis-|
     so in dhemu heilegin gheiste got | ioh druhtin. Nibu christ
210 druh-|tin sii, umbi huuenan quhad dauid | 5 | in chuningo
     boohhum: ›Sus quhad | dher gomo, dhemu izs firgheban |
     uuard, adhalsangheri israhe-|lo, umbi christan iacobes got:
     Druh-|tines gheist ist sprehhendi dhu-| 10 |rah mih endi
     siin uuor*t* dhurah | mine zungun‹?

215 8. Ibu nu christ | druhtin nist, huuer ist dher | uuerodheoda
     druhtin, dher fo-|na uuerodheoda druhtine | 15 | uuard
     chisendit? So ir selbo | quhad dhurah zachariam: | ›Sus
     quhad druhtin uuerodhe-|oda got: sendida mih after |
     guotliihhin zi dheodom, dhem | 20 | euuuih biraubodon.
220 Dher eu-|uuih hrinit, hrinit sines au-|gin sehun. See bi-
     dhiu ih || He 11 || hepfu mina hant ubar sie, endi | sie uuer-
     dant zi scaahche dhem | im aer dheonodon, endi er sculut |
     bichennen, dhazs uuerodheoda | 5 | druhtin mih sendida‹.

205   huuenan] dhen Par., alle; die Konstruktion verlangt ein Frage-
      pronomen, vgl. 210
214   uuort] uuor Par. nach Auffassung von He; wegen starker Ab-
      reibung nicht zu entscheiden   mine Par. GHe] mina PSHW; R
      glaubte irrtümlich, ein übergeschriebenes a zu erkennen
215   Ibu] aus Inu gebessert, IBu H
221   ubar] Beginn Mons. 35 He

9. Age | nunc cuius sit hec uox nisi | saluatoris, qui omni-
potens deus | a patre omnipotente mis-| 10 |sum se esse   225
testatur? | Missus est autem ad gen-|tes post gloriam deita-|
tis, quam habuit a-|pud patrem, quando | 15 | exinaniuit se
ipsum et | formam serui accipiens | effectus est oboediens |
usque ad mortem. Quique | etiam in sequentibus loqui-
| 20 |tur dicens: ›Lauda et | letare, filia sion, quia | ecce ego   230
uenio et habitabo ‖ He 12 ‖ in medio tui, dicit dominus. |
Et adplicabuntur gentes ┆ multę ad dominum in die | illa
et erunt mihi in po-| 5 ┆pulum, et habitabo in | medio tui,
et scies quia | dominus exercituum misit | me ad te‹.

235

10. Quis est igi-|tur iste dominus a domino ex-| 10 |erci-
tuum missus nisi | idem dominus iesus christus? | Superest
de spiritu sancto, | de cuius deitate | sic ait iob, et quia ┆ 15 | 240
spiritus dei est: ›Spiritus domini ┆ fecit me et spira-|culum
omnipo-┆tentis uiuificauit ┆ me. Ecce et me sicut et te | 20 |

227 f. vgl. Phil. 2, 7–8
228 oboediens Par. Eins.] obediens BAPSRGHW
229 Quique etiam Par. Eins. PSRG] Qui etiam A, Quique etiam et
     B, Quique et HW (doch vgl. Fußnote W, wo etiam angeführt)
230–234 Zach. 2, 10–11
232 Et] so He im Text, et He im Apparat. Vergrößerte Ligatur &
     Par., d. h. Großbuchstabe; Et Eins. in] fehlt R
234 scies Par. Eins. ARW] scient BPSGH
240 et] vergrößerte Ligatur, vl. als Et aufzulösen; Et Eins. BA; dies
     und die folgenden Worte zu dem nachfolgenden Zitat gezogen
     AS
241–243 Iob 33, 4, 6

9. Uuala | nu auh huues mac dhesiu stimna | uuesan nibu
225 dhes nerrendin | druhtines? Ir almahtic got | sih chundida
uuesan chisendi-| 10 |dan fona dhemu almahtigin | fater.
So chisendit uuard chiuuis-|so zi dheodum after dheru
sine-|ru gotnissa guotliihhin, dhea | ir samant hapta mit
fater. Dhuo | 15 | ir sih selban aridalida endi | scalches
230 farauua infenc, | uuordan uuardh chihoric | untazs zi dode.
Dher selbo | auh hear after folghendo | 20 | quhad: ›Lobo
endi freuuui | dhih, siones dohter, bidhiu | huuanda see ih
quhimu endi ‖ He 12 ‖ in dhir mitteru ardon, quhad |
druhtin. Endi in dhemu daghe uuer-|dhant manego dheo-
235 dun chisam-|noda zi druhtine endi uuerdhant | 5 | mine
liudi, endi ih ardon in dhir | mitteru, endi dhu uueist dhazs
uue-|rodheoda druhtin sendida mih | zi dhir‹.

10. Huuelih ist auur nu dhe-|se druhtin fona uuerodheoda
druh-| 10 |tine chisendit, nibu auur dher | selbo druhtin
240 nerrendeo christ? | Ubar dhazs ist auh hear bifora | fona
dhemu heilegin gheiste, fona | dhes gotnissu ioh dhazs ir
gotes | 15 | gheist ist, sus quhad iob: ›Druhti-|nes gheist

224   Uuala nu auh] Uuela ... Mons. W setzt Komma hinter nu
225   Ir Par.] aer Mons., ir SRW
226   uuesan Par.] in der Hs. deutlich, uuesam S und H in der Anm.,
      ... esan Mons.   chisendidan Par.] (ka)santan Mons.
228   gotnissa RGWHe] gootnissa (das zweite o übergeschrieben) Par.
      PSH, guotnissa Mons.
229   Dhuo Par. Do Mons.] dhuo (dhu S) SGW
230   uuardh] h über der Zeile
233 ff. endi] in Par. die Ligatur en überall vergrößert, Geltung als
      Großbuchstabe nicht sicher
233   enti Mons.] Endi GH
234   Enti Mons. (vgl. auch den lat. Text)] endi Par. GHW
235   enti Mons.] Endi H
236,1 enti Mons.] Endi H   2 Enti Mons. H] endi PSRGWHe
238   Huuelih ist] Huuelist Mons. huuelih H
240   dhazs] fehlt Mons.

fecit deus‹. De quo enim dixerat: | ›Spiritus domini fecit
me‹, Deo | rursus adiecit: ‖ He 13 ‖ ›Ecce et me sicut et te ¦
fecit deus‹: Ut eundem | spiritum ostenderet esse deum. | 245

IV.
DE TRINITA-|5|TIS SIGNIFI-|CANTIA | 250

1. Pateat ueteris | testamenti apicibus ¦ patrem et filium et
spiritum | 10 | sanctum esse deum. Sed hinc is-|ti filium et
spiritum sanctum non | putant esse deum eo, quod | in
monte sina uocem | dei intonantis au-| 15 | dierint: ›Audi,   255
israel, | dominus deus tuus deus unus | est‹. Ignorantes in
tri-|nitate unum esse deum | patrem et filium et | 20 | spiri-
tum sanctum. Nec tres | deos, sed in tribus perso-|nis unum
nomen ‖ He 14 ‖ indiuiduę maiesta-|tis.

243   deus] über der Zeile Par.
243–245 De quo bis fecit me] fehlt B   Spiritus Par. (mit deutlichem
            Majuskel-s), PR] spiritus Eins. SGH
244   Deo Par. R] de eo Eins. A. Diese richtige Lesart durfte nicht in
            den Text aufgenommen werden, da die ahd. Übers. nur aus der
            Verderbnis Par. zu verstehen ist; dum PSGHW.
            Ecce Par. Eins. BAR] ecce SGHW
245   Ut Par. Eins.] ut BARW
251   Pateat Par. Eins. PSRGH] Patet BAWHe
254   putant] reputant BA, se putant Eins.
255   uocem Eins. BA] uoce Par. R   dei Par. ARW] domini Eins.
            BPSGH
255 f. Deut. 6,4   Ignorantes] Beginn von Mons. 36 v
258   Nec Par. Eins.] nec BAPSRGHW, non Mons.

28

chideda mih endi adum | dhes almahtighin chiquihhida
mih. | See endi mih deda got so selp so dhih‹. | Umbi dhen
245 selbun ir aer chi-| 20 |uuisso quhad: ›druhtines gheist chi-|
uuorahta mih‹. Dhazs heftida | auur zi gote, dhar ir after
dhiu | quhad: || He 13 || ›See endi mih chideda got so selp
so | dhih‹. Dhazs ir chichundida dhazs | dher selbo gheist
ist got. |

IV.

250 HEAR QUHIDIT UMBI DHEA | 5 |
BAUHNUNGA DHERO DHRIO | HEIDEO GOTES |

1. Araugit ist in dhes aldin | uuizssodes boohhum dhazs
fater | endi sunu endi heilac gheist got | 10 | sii. Oh dhes
sindun unchilau-|bun iudeoliudi dhazs sunu | endi heilac
255 gheist got sii, bi-|dhiu huuanda sie chihordon | gotes stimna
hluda in sinaberge | 15 | quhedhenda: ›Chihori dhu, is-|
rahel, druhtin got dhin ist eino | got.‹ Unbiuuizssende sin-
dun, |huueo in dheru dhrinissu sii ein | got fater endi sunu
endi heilac | 20 | gheist. Nalles sie dhrie goda, | oh ist in

243 chiquihhida] kaquihta Mons.
244 so selp so] selbo so Mons.
244 f. dhen selbun] dhen selbun dhen Par., alle, (d)en selbun den
Mons. Umbi dhen selbun umbi dhen schlägt Rannow, Satzbau,
S. 20, vor; W erwägt in der Anmerkung Streichung des zweiten
dhen
247 See endi] Endi Par., See enti Mons., vgl. den lat. Text   chideda
Par.] teta Mons.
249 got] dahinter H, vielleicht auch HE radiert
250 f. Die Überschrift z. T. in Majuskeln, z. T. in vergrößerten Minuskeln Par. (vgl. Faks.), Mons.
253 sunu] sun Mons.   Oh Par. PSRGH] oh Mons. W
255 sii] Ende von Mons. 35 He

2. Queramus ergo | in scribturis ueteris tes-|tamenti ean-
dem trinita-| 5 |tem. In libro quippe pri- mo regum ita
scribtum est: | ›Dixit dauid filius isai, dixit | uir, cui consti-
tutum est, | de christo dei iacob, egregi-|10 |us psalta israel:
Spiritus domini | locutus est per me et sermo | eius per lin-
guam meam‹. Quis autem | esset, adiecit: ›Deus israel |
mihi locutus est, domina-| 15 |tor fortis israel hominum |
iustus‹.

3. Dicendo enim | ›christum dei iacob‹ et filium | et patrem
ostendit. Item | dicendo ›Spiritus domini loquu-| 20 |tus
est per me‹ sanctum spiritum | euidenter aperuit. | Idem
quoque in psalmis: || He 15 || ›Uerbo‹, inquit, ›domini celi |
firmati sunt et spiritu | oris eius omnis uir-|tus eorum‹. In
persona | 5 | enim domini patrem ac-|cipimus, in uerbo fi-|

262   ueteris] ueteres Mons.   eandem] eadem Mons.
263   primo Par. Mons. Eins. B] secundo A
264–267 2. Reg. 23, 1–2
264   dixit Par. Eins.] Dixit Mons. BA
265   psalta Par. Eins. R] Lücke Mons., psalmista BA, psaltes PG
266   Spiritus Par. BA] spiritus Mons. Eins. GW
267–269 2. Reg. 23,3
268   dominator fort. isr. hom. iustus Par. Mons. Eins. R] fortis isr.
       dom. hom. iustus BAPSGHW
274   loquutus] das zweite u über der Zeile Par., locutus Mons. Eins.
275   sanctum spiritum Par. Mons. B] spir. sanctum Eins. A
276 f. Ps. 32,6
277   et] fehlt B
278   in Par. Mons.] In Eins.

260 dhesem dhrim heidem ein | namo dhes unchideiliden
meghines.

2. ‖ He 14 ‖ Suohhemes nu auur in dhemu al-|din heile-
ghin chiscribe dhesa sel-|bun dhrinissa. In dhemu eristin
dei-|le chuningo boohho sus ist chiuuisso | 5 | chiscriban:
265 ›Quhad dauid isais sunu, | quhad gomman, dhemu izs
chibodan | uuard, umbi christan iacobes gotes, | dher erchno
sangheri israhelo: Go-|tes gheist ist sprehhendi dhurah
mih, | 10 | endi siin uuort ferit dhurah mina | zungun‹.
Endi saar dhar after offono | araughida, huuer dher gheist
270 sii, dhuo | ir quhad: Israhelo got uuas mir zuo | sprehhendi,
dher rehtuuisigo man-| 15 |no uualdendeo strango isra-
helo‹. |

3. Dhar ir quhad ›christ iacobes gotes‹, | chiuuisso meinida
ir dhar sunu en-|di fater. Dhar ir auh quhad ›Gotes |
275 gheist ist sprehhendi dhurah mih‹, | 20 | dhar meinida
leohtsamo zi ar-|chennenne dhen heilegan gheist. | Auur
auh umbi dhazs selba ‖ He 15 ‖ quhad dauid in psalmom:
›Druhti-|nes uuordu sindun himila chifes-|tinode endi sines

260   unchideiliden] -din H
261   meghines] h über der Zeile
268   siin uu. – zungun] durch Dittographie entstellt W
271   dher] Dher Par.
278   chifestinode HWHe] -noda PSRG; das Endungs-e nicht klar,
       »aus a korrigiert« He, was auch mir das Wahrscheinlichste,
       »vielleicht et« RG

lium credimus, in spiritu | oris eius spiritum sanctum in-|
tellegimus. Quo testi-| 10 |monio et trinitatis | numerus et   280
commu-|nio cooperationis os-|tenditur.

4. Sic in con-|sequentibus idem prophe-| 15 |ta ait: ›Mittit | 285
uerbum suum et lique-|faciet ea, flat spiritus eius | et fluent
aque‹. Ecce tria: | pater, qui mittit, et uer-| 20 |bum, quod
mittitur, et | spiritus eius, qui flat. | Nam et cum dicitur in
genesi: ‖ He 16 ‖ ›In principio fecit deus celum | et terram,
et spiritus dei fere-|batur super aquas‹. | Ibi in dei uocabulo   290
pater | 5 | intellegitur. In prin-|cipio filius agnos-|citur, qui
dicit: | ›In capite libri scrip-|tum est de me, ut faci-| 10 |am
uoluntatem tuam‹. | Qui dixit deus et fecit | deus. In *eo*
uero, qui | superferebatur aquis, | spiritus sanctus significa-
| 15 |tur.   295

279   in Par. Eins.] In Mons.
280,1 et] fehlt B
285   Sic Par. Eins.] Sicut Mons., Sic et BA
285–287 Ps. 147,18
285   Mittit Par. Mons. Eins. B] Mittet AW
286   flat Par. R] flauit Mons. Eins., flabit BAPSGHW
288   et] fehlt B
289 f. Gen. 1, 1–2
290   spiritus dei Par. Mons. Eins. R] spir. domini BAPSGHW
        uocabulo] Ende von Mons. 35 v
292 f. Ps. 39, 8–9
293   Qui dixit etc.] Quia dix. d., et fec. d. Eins. BA; aus anderer
        Überlieferung: Qui dix. d. et qui fecit deus SHW, vgl. damit die
        ahd. Übers.; wie Par.: PRG   eo BA] eum Par. R, eo korr. aus
        eū Eins.

mundes gheistu | standit al iro meghin‹. In dhemu | 5 |
280 druhtines nemin archennemes | chiuuisso fater, in dhemu
uuorde | chilaubemes sunu. In sines mun-|des gheiste instan-
demes chi-|uuisso heilegan gheist. In dhe-| 10 |seru urchun-
din ist ziuuare | araughit dhera dhrinissa | zala endi chimei-
nidh iro ein-|uuerches.

285 4. So hear after dher | selbo forasago quhad: ›Ir | 15 | sen-
dit siin uuort endi chiuue-|ihhit dhea, adhmuot siin gheist |
endi rinnant uuazssar‹. See | hear meinit nu dhri: fater ist, |
dher sendida, endi uuort ist | 20 | dhazs chisendida, endi
siin ghe-|ist ist, dher adhmot. Endi | auh in genesi quhidhit:
290 || He 16 || ›In dhemu eristin chideda got | himil endi aerdha,
endi gotes | gheist suueiboda oba uuazsserum‹. | Dhar ist
auh in dhemu gotes ne-| 5 |min fater zi firstandanne; in |
dhemu eristin ist sunu zi archennan-|ne, huuanda ir selbo
quhad: | ›In haubide dhes libelles azs erist | ist chiscriban
295 umbi mih, dhazs | 10 | ih dhinan uuillun duoe‹. Got | ist
dher quhad, endi got dher deta. | In dhiu auh dhanne,
dhazs ir oba | dhem uuazsserum suueiboda, | dhen heilegun
gheist dhar bauh-| 15 |nida.

---

283 dhera] RWHe, Lesung sicher. dheru G, dhesu SH, dhesa P
289 Endi (deutliche Majuskel) Par.] endi H
290 chideda] chiteda Par., über t der Ansatz zu einer Korrektur,
     beabsichtigt d; so schon HWHe, die alle chiteda in den Text
     aufnehmen
292 nemin] nemine SH, vermutungsweise R; in der Hs. Trennungs-
     punkt mit zwei weiteren Pünktchen (Tintenspritzern), gewiß
     kein e
293 archennanne (vgl. Faks.)] archennenne SG
297 heilegun (sicher)] heilegan SRG
298 bauhnida] vom h nur eine geringe Spur; baunida S

5. Nam et cum ibi | dicit deus: ›Faciamus | hominem ad
imagi-|nem et similitudinem nostram‹: | Per pluralitatem   300
per-| 20 |sonarum patens sig-|nificatio trinita-|tis est. Ubi
tamen ut unita-|tem ‖ He 17 ‖ deitatis ostenderet, con-|
festim admonet dicens: | ›Fecit deus hominem ad imagi-|
nem suam‹. Et cum dicit idem deus ¦ 5 | ›Ecce adam factus
est quasi | unus ex nobis‹: Ipsa plura-|litas personarum   305
trini-|tatis demonstrat mys-|terium.

6. Cuius trinitatis | 10 | sacramentum et aggeus pro-|pheta
ita aperuit ex per-|sona domini dicens: ›Spiritus meus erit | 310
in medio uestri‹. Ecce deus, | qui loquitur, ecce spiritus eius.
| 15 | post hec de tertia persona, | id est de filio, ita subie-|
cit: ›Quia ecce ego com-|mouebo celum et ter-|ram et ueniet
desidera-| 20 |tus cunctis gentibus‹.

                                                               315

299 f. Gen. 1,26
300   Per] Majuskel auch Eins., per BA
301 f. Ubi tamen ut] Ut tamen B
303   admonet] admonuit B
303 f. Gen. 1,27
304   Et BAPSRGHHe (vgl. die Übers.)] in Par. etwas vergrößerte
        Ligatur & (vgl. Faks.), ebenso Eins., Geltung als Großbuchstabe
        nicht sicher
304 f. Gen. 3,22
309   et] vergrößerte Ligatur & Par., Et (mit satzeinleitender Majus-
        kel, die vorhergehenden Worte noch zu Abschn. 5) Eins.
310 f. Agg. 2,6
312   post Par. A] Post Eins. B; der ahd. Übersetzer zieht post hec
        zum vorhergehenden Satz; kein Interpunktionszeichen hinter
        eius und hec Par.
313 f. Agg. 2,7–8

5. Ínu so auh chiuuisso dhar | quhad got ›Duoemes man-
300   nan | anachiliihhan endi uns chi-|liihhan‹: Dhurah dhero
hei-|deo maneghin ist dhar chi-| 20 |offonot dhera dhri-
nissa bauh-|nunc. Endi dhoh dhiu huue-|dheru nu, dhazs
ir dhea ‖ He 17 ‖ einnissa gotes araughida, hear | saar after
quhad: ›Got chiuuo-|rahta mannan imu anachiliihhan‹. |
305   Endi auh so dhar after got quhad | 5 | ›See adam ist dhiu
chiliihho uuor-|dan so einhuuelih unser‹: Dhiu sel-|ba
maneghiu chinomideo arau-|ghit dhazs meghiniga chiruni
dhera | dhrinissa.

6. Dhera selbun dhrinissa | 10 | heilac chiruni aggeus dher
310   forasago | sus araughida in druhtines nemin | quhedhendi:
›Miin gheist scal uuesan | undar eu mittem‹. Seegi got
dhar | sprah, seegi siin gheist ist auh | 15 | after dhiu saar
chimeinit. Umbi | dhen dhrittun heit, dher fona | suni ist,
sus quhad dher selbo fo-|rasago: ›Huuanda see ih chihru-|
315   oru himil endi ę̨rdha. endi quhi-| 20 |mit dher uuilligo
allem dheodom‹. |

302   bauhnunc] vom h nur eine Spur erhalten, baununc SRG
307   chinomideo] chinomidio He (Anm.), chinomidiu Par., chino-
       midin W (vgl. auch W, S. 120, s. v. manac)
310   quhedhendi] quhedendi H
311   Seegi] »o ist in i verändert worden« RHe, nicht bestätigt
314   dher selbo] der s. HW

7. In | esaia quoque sub propri-|a cuiusque persona
‖ He 18 ‖ distinctio trinitatis dicen-|te eodem filio ita
osten-|ditur: ›Ego primus et ego nouis-ˌsimus. Manus quo-
que mea | 5 | fundauit terram et dextera | mea mensa est   320
cęlos. Nam *a* prin-|cipio in abscondito locutus | sum, ex
tempore antequam fi-|eret, ibi eram‹. et consequenter | 10 |
adiecit: ›et nunc dominus deus misit | me et spiritus eius‹.
Ecce duę per-|sone dominus et spiritus eius, qui mit-|tunt,
et tertia person*a* eiusdem | domini, qui mittitur.   325

8. Item alibi | 15 | per eundem prophetam trinita-|tis sic
demonstratur signifi-|cantia: ›Ecce, inquit, puer | meus,
suscipiam eum; dilec-|tus meus, complacuit sibi in | 20 | 330
illo anima mea; dedi | spiritum meum super eum‹. Pater |
filium dilectum puerum uocat, ‖ He 19 ‖ super quem dedit
spiritum sanctum. De | quo dominus iesus christus propria |
uoce testatur: ›Spiritus domini | super me‹.
                                                          335

317   cuiusque A] cuique Par. Eins. B
319–322 Is. 48, 12–13, 16
319   Ego Par.] ego Eins.
321   Nam Par. Eins.] Non BA   a BA] fehlt Par. Eins.
322 f. Ligatur & an der ersten Stelle kaum, an der zweiter deutlicher
        vergrößert Par. (vgl. Faks.), & ... Et Eins.
323   Is. 48,16
325   persona] personę Par.
328   sic Par. BA] fehlt Eins.
329–331 Is. 42,1
333   sanctum (fehlerhaft) Par.] suum Eins. BAPSRGHW; vgl. die
        Übersetzung   De Par. BA] de Eins.
334   Is. 61,1

7. So sama so auh araughit ist in | isaies buohhum eochi-
huueliihhes || He 18 || dhero heideo sundric undarscheit, |
selbemu dhemu gotes gotes sune quhedhende-|mu: ›Ih eristo endi
320 ih aftristo. mino | hendi chifrumidon auh ẹrdha endi | 5 |
miin zesuua uuas mezssendi himi-|la. ioh fona eristin uuas ih
chiholo-|no sprehhendi fona ziidi, endi aer | huuil uurdi, ih
uuas dhar‹. Dhar after | saar auh quhad: ›Endi nu sendida
mih | 10 | druhtin got endi siin gheist‹. See hear | zuuene
325 dhero heido, got endi siin gheist, | dhea sendidon, endi
dher dhritto heit | ist selbes druhtines christes dhes chisen-|
didin.

8. So auh in andreru stedi dhurah | 15 | dhen selbun heile-
gun forasagun uuard | dhera dhrinissa bauhnunc sus arau-|
330 ghit: ›Quhad got, see miin chnecht, ih | inan infahu. chi-
minni mir, chiliihhe-|da iru in imu mineru seulu. Ih gab
| 20 | ubar inan minan gheist‹. Fater mei-|nida dhar sinan
sun, dhuo ir chi-|minnan chneht nemnida, ubar || He 19 ||
dhen ir sinan gheist gab. Umbi | dhen druhtin nerrendo
335 christ sineru | selbes stimnu urchundida, dhuo ir quhad: |
›Druhtines gheist ist ubar mir‹. | 5 |

323   quhad] d über der Zeile nachgetragen
330   Quhad] quhad H
330f.   W interpungiert, wie folgt: ih inan infahu chiminni mir; vgl.
        dagegen den lat. Text. In der Hs. nur hinter infahu ein Punkt
334   druhtin] hinter d der Ansatz zu einem h, im unteren Teil radiert

9. Alio quoque in loco | 5 | idem isaias totam trinita-|tem
in digitorum numero | comprehendens sic predicat | dicens:
›Quis mensus est pugil-|lo aquas et celos pal-| 10 |mo quis
ponderauit? | Quis appendit tribus digitis | molem terre‹?   340
In tribus quip-|pe digitis propheta trinam | diuinę omni-
potentię equa-| 15 |litatem sub quadam myste-|rii lance
librauit et pa-|rilitate uirtutis coope-|rationem potentię et
uni-|tatem substantię, quę | 20 | una eademque in trinita-|te
est, in tribus digitis de-|clarauit.   345

10. Cuius trinitatis ‖ He 20 ‖ mysterium alias se cog-|
nouisse testatur idem pro-|pheta dicendo: ›Uidi dominum |
sedentem super solium excelsum. | 5 | Seraphin stabant   350
super | illud, sex alę uni et sex | alę alteri. Duabus uela-|
bant faciem eius et duabus | uelabant pedes eius et dua-
| 10 |bus uolabant‹. Quem ut tri-|num in personis ostende-
ret | et unum in diuinitate mons-|traret, sequenter ait: | ›Et
clamabant alter ad al-| 15 |terum et dicebant: sanctus   355
sanctus | sanctus dominus deus exercituum. ple-|na est
omnis terra gloria eius‹. |

337   in] fehlt B
338   numero] numerum B
339f. Is. 40,12
339   palmo Par. Eins. BA] palma R
342   equalitatem] u (v) über der Zeile Par.
343   parilitate Par. Eins. BPSRGHW] ex parilitate A
344   quę] Quę Par.   una] na im Schriftspiegel, davor am Rande ein
       sonst nicht vorkommendes Zeichen, einem y ähnlich, darüber ein
       u (nicht spitz, wie sonst die einkorrigierten v)
349–353 Is. 6, 1–2
350–353 Seraphin ... volabant] fehlt Eins., B
354   ait] dahinter et duabus uolabant Eins. B
354–357 Is. 6,3
356   deus exercituum] deus sabbaoth Eins., dominus exerc. B

9. Endi auh ir selbo isaias in andreru | stedi alle dhea dhri-
nissa in fingro | zalu bifenc, dhuo ir sus prędicando | quhad:
›Huuer uu*a*s mezssendi in eine-|mu hantgriffa uuazssar?
Endi huuer | 10 | uuac himila sineru folmu? Huuer | uuac
dhrim fingrum allan aerdh-|uuasun‹? In dhrim fingrum
chiuuisso | dher heilego forasago dhea dhrifal-|dun eban-
chiliihnissa dhera almah-| 15 |tigun gotliihhin mit sumes
chirunes | uuagu uuac. Enḍi auh mit dhes | meghines chiliih-
nissu chraft dhes | ebanuuerches endi einnissa dhera | almah-
tigun spuodi, dhiu ein ioh | 20 | samalih in dheru dhrinissu
ist, in | dhrim fingrum dhurahchundida. |

10. Dher selbo forasago auh in andreru ‖ He 20 ‖ stedi
chundida, dhazs ir dhera dhrinis-|sa chiruni bichnadi, dhuo
ir sus quhad: | ›Ih chisah druhtin sitzendan oba dhrato |
hohemu hohsetle, endi seraphin dhea | 5 | angila stuondun
dhemu oba. sehs feth-|dhahha uuarun eines, sehse andres.
mit | zuuem dhehhidon siin antlutti endi | mit zuuem dhec-
chidon sine fuozssi endi | mit zuuem flugun‹. Dhazs dher
forasago | 10 | auh dhen selbun druhtin dhrifaldan | in
sinem heidim araughida endi einan | in sineru gotnissu chi-
chundida, dhar | after quhad fona dhem angilum: | ›Endi

337   Endi] endi H   alle] alla kj. W
339   uuas kj. W] uues Par. PSRGHHe
349   bichnadi] h über der Zeile
354   Dhazs] Dazs H
356   endi] Endi H

11. Ecce trinam sanctificationem | sub una confessione
celes-| 20 |tis persultat exercitus. una*m* | gloriam trinitatis
Seraphin | trina repetitione procla-|mant. ‖ He 21 ‖ Nam
quid ter sanctus indicat, | nisi eiusdem trinę omnipoten-|tię
gloria demonstrata | est? In deitate trium persona-| 5 |rum   365
significatio, non autem si-|cut tres persone ita et tres | dii
credendi sunt, sed in | eis personis una diuinitas | praedi-
canda est. Secundum | 10 | moysi sententiam dicen-|tis:
›Audi, israel, dominus deus | tuus deus unus est.‹ Et | ite-
rum: ›Ego sum deus | et preter me non est ali-| 15 |us‹.   370

362   unam BA] Unam Eins.; una Par.
363   Seraphin] seraphim Eins.
364 f. Interpunktion der Hs.: nisi ... gloria demonstrata est; In deita-
       tem trium personarum significatio. non autem. sicut. tres etc.
       Par.] nisi ... gloriam? demonstrata est in deitate trium persona-
       rum significatio. Non autem etc. Eins. Auch BA beginnen mit
       Non autem einen neuen Satz. Zu der Interpunktion Par. stimmt
       die ahd. Übersetzung
365   deitate BA] deitatem Par., Rasur hinter -te Eins.
368   Secundum Par.] secundum Eins. BA
369   Deut. 6,4
370   Vgl. Deut. 4,35 und Is. 45,21   alius] Dahinter zwei weitere Ab-
       schnitte BA, die Par. Eins. fehlen

40

hreofun ein zi andremu quhe-| 15 |dhande: heilac heilac
heilac | druhtin uuerodheoda got. folliu | ist al ęrdha dhi-
360   nera guotliihhin‹. |

11. See hear nu dhea dhrifald*un* hei-|lacnissa undar eineru
biiihti | 20 | dhazs himilisca folc so mendit. | Endi dhoh
ein*a* guotliihhin dhera dhri-|nissa syrafin mit dhemu dhri-
faldin ‖ He 21 ‖ quhide meinidon. Inu huuazs andres |
365   zeihnit dhar dhea dhri sanctus chiquhe-|dan, nibu dhera
selbun almahtigun | dhrinissa guotliihhin ist araughit? | 5 |
Endi dhoh dhiu huuedheru in dhemu | bauhnunge dhero
dhrio heido gotes | ni sindun zi chilaubanne dhazs sii dhrii |
goda siin, so sama so dhea dhrii heida | sindun; oh in dhem
370   dhrim heidim scal | 10 | man ziuuaare eina gotnissa beo-
dan. | After moyses quhidim, dhar ir quhad: | ›Chihori
dhu, israhel, druhtin got dhiin | ist eino got.‹ Endi auur ist
auh chiscri-|ban: ›Ih bim eino got endi ano mih | 15 | nist
ander‹.

361   dhrifaldun WHe] dhrifaldiu Par.
363   eina] ein, über der Zeile nachgetragen Par., HHe
372   israhel] h über der Zeile   Endi] endi R

V.

1. Hucusque miste-|rium celestis natiuita-| 20 |tis in christo
et significanti-|am diuine trinitatis os-|tendimus. Dehinc
scribtu-|rę ‖ He 22 ‖ auctoritate eundem | filium dei natum
in carne | monstremus. Manifes-|tantes primum quia idem   380
| 5 | filius dei propter nostram salu-|tem incarnatus et
ho-|mo factus est. sic enim de eo | praedicat esaias: ›Par-|
uolus‹, inquit, ›natus est nobis, | 10 | filius datus est nobis,
et factus | est principatus eius super hu-|merum eius, et
uocabitur nomen eius | admirabilis, consiliarius, deus | for-   385
tis, pater futuri saeculi, prin-| 15 |ceps pacis. multiplicabi-
tur | imperium eius et pacis non erit fi-|nis‹.

    390

2. Paruolus enim christus, quia | homo et natus nobis, non
sibi. | Quod enim homo factus est, | 20 | nobis profecit, et
ideo nobis na-|tus est. filius autem datus est no-|bis, cuius
nisi dei filius? ‖ He 23 ‖ Principatus eius super hume-|rum
eius, siue quia crucem propri-|is humeris ipse portauit, | 395

378   Dehinc Par. A] dehinc Eins. B
380   Manifestantes Par. B] manifestantes Eins. A
382   sic Par. Eins.] Sic BA
382–387 Is. 9, 6–7
384   humerum Par. Eins. A] humeros B; vgl. die Übers. eius; et
        (stark trennendes Interpunktionszeichen) Par. Eins.
387   imperium eius et pacis Par.] eius imp. et pacis Eins.; eius imp.
        et pacis eius BA, vgl. die Übersetzung
391 f. homo et nat. nob., non sibi Par. BA] homo nat. nob. et non sibi
        Eins.
392   profecit Par. A] proficit Eins. B, vgl. die Übersetzung
394   humerum Par. A] humeros Eins. B, vgl. die Übersetzung
395   siue Par. BA] Siue Eins.

375 HEAR QUHIDIT, HUUEO | GOT UUARD MAN
CHIUUORDAN | CHRIST GOTES SUNU |

1. Untazs hear nu aughidom | uuir dhazs gheistliihhe
chiruni | 20 | dhera himiliscun chiburdi in christe | endi
dhera gotliihhun dhrinissa | bauhnunga. Hinan frammert
380 || He 22 || nu chichundemes mit herduome dhes | heilegin
chiscribes, dhazs ir selbo gotes | sunu uuard in liihhe chibo-
ran. Arau-|ghemes saar azs erist, huueo ir se*l*bo | 5 |gotes
sunu dhurah unsera heilidha | in fleisches liihhe man
uuardh uuordan. | So isaias umbi inan predigondo quhad: |
385 ›Chindh uuirdit uns chiboran, sunu uuir-|dit uns chighe-
ban, endi uuirdit siin her-| 10 |duom oba sinem sculdrom,
endi uuir-|dit siin namo chinemnit uundarliih, | chirado,
got strengi, fater dhera zuo-|haldun uueraldi, frido hero-
sto. chima-|nacfaldit uuirdhit siin chibot, endi sine-| 15 |ra
390 sipbea ni uuirdit endi‹.

2. Meinida | dher forasago chiuuisso in dheru christes |
lyuzilun, huuanda ir uns uuard chibo-|ran, nalles imu sel-
bemu. Huuanda chi-|uuisso, dhazs ir man uuardh uuordan,
| 20 | unsih hilpit, endi bidhiu uuard ir uns | chiboran. Sunu
395 auur uuard uns chighe-|ban, huues nibu gotes sunu? Siin

379   Hinan] hinan HW
382   selbo] sebbo Par.
386   endi] Beginn von Mons. 36 He
388   got] Got Par.
389   endi] Endi H
393   uuardh] h über der Zeile

siue quia titulum regni super | 5 | humeros et caput eius
pilatus | scribsit.

3. Erubescant itaque | impii et agnoscant uoca-|ri christum   400
filium dei siue natum et per | adsumptionem corporis par-
| 10 |uolum factum. De quo dauid ait: | ›Minuisti eum
paulo minus | a deo‹. ›Quia dum in forma dei | esset, non
rapinam arbitratus | est esse se ꝙqualem deo. Sed se-| 15 |
metipsum exinaniuit formam | serui accipiens‹. Ad quem | 405
dum pater in psalmis de illa | ꝙterna natiuitate diceret: |
›Ex utero ante luciferum genu-| 20 |i te‹, rursus futuram
eius in car-|ne natiuitatem ostendens | subiecit dicens: ›Et
quasi de uul-|ua ‖ He 24 ‖ orietur tibi ros aduliscen-|tiꝙ
tuꝙ‹.   410

4. Hanc incorpora-|tionem filii dei et spiritus sanctus in
psal-|mis ita praenuntiauit dicens: ›Ad | 5 | sion autem
dicitur uir, et uir natus est in ea | et ipse fundauit eam   415
excelsus‹. Ecce qui | nascitur in sion et qui in ipsa ciui-|tate

400   impii Par. Eins.] impii Iudei BA   agnoscant Par. BA] cogno-
      scant Eins.   uocari Par. Eins. A] inuocare B; vgl. die Übers.
401   siue] fehlt B   adsumptionem] p über der Zeile Par.
402   Minuisti Par. BA] minuisti Eins.
402 f. Ps. 8,6
403   a deo Par. Eins.] ab angelis BA
403–405 Phil. 2, 6–7
406   dum Par. Eins. A] cum B
407   Ps. 109,3   rursus Par.] rursum A, Rursum B, Rursus Eins.
408   in carne nat. Par. Eins. A] incarnationem B
408–410   Ps. 109,3 Ital.
414–416 Ps. 86,5
415   dicitur Par. Eins. B] dicetur A; dicit SHW   uir₁] fehlt B
416   excelsus Par. BA] altissimus Eins.

44

hęrduom ‖ He 23 ‖ oba sinem sculdrom, ioh bidhiu huuanda
ir | in siin selbes sculdrom siin cruci druoc, ioh bi-|dhiu
huuanda dhen titulo sines riihhes oba | sinem sculdrom
endi sinemu haubide pilatus | 5 | screiph.

400   3. Oh schameen sih nu dhea aerlosun | endi bichnaan sih zi
nemnanne christ gotes | sunu ioh chiboranan chilauben endi
dhurah | dhes liihhamin infancnissa lyuzilan uuor-|danan.
Umbi inan quhad dauid: ›Dhu chimin-|nerodes inan liuzelu
minnerun dhanne | got‹. ›Huuanda innan dhiu ir uuas in
405   gotes | faruuu, ni uuas imu dhuo einighan fal | ardeilendi,
dhazs ir gote uuas ebenchi-|liih. Oh ir sih selbun aridalida,
dhuo ir | 15 | scalches chiliihnissa infenc‹. Zi dhemu dhuo |
fater in psalmom umbi dhea sine euuigun | chiburt quhad:
›Fona hreue aer lucifere | ih dhih chibar‹. Dhuo saar dhar
410   after arau-|ghida dhea zuohaldun sine chiburt in | 20 | flei-
sche, dhuo ir quhad: ›Endi so sama so | fona dhemu berandin
hreue so arspringit | dher dau dhinera iugundhi‹. ‖ He 24 ‖

        4. Dhesa infleiscnissa auh dhes gotes sunes | heilac gheist
in psalmon sus chundida, dhar | ir quhad: ›Zi sion quhad
415   man, endi man uuir-|dit in ira chiboran, endi dher selbo
chiuuo-| 5 |rahta sia, ir hohisto‹. See dher in sion | uuard

399   screiph] Ende von Mons. 36 He
408   sine] sina kj. W
409   Fona] so HWHe, fona Par. R
410   sine] sina kj. W
415   ira Par. PRGH] iru kj. WHe
416   sion] dahinter uua am Ende der Zeile radiert

factus est humillimus, ipse est | qui fundauit eam excelsus.
et quia | 10 | idem est dominus sequitur: ›Dominus numera-|
uit scribens populos, iste na-|tus est ibi‹. Quis iste uir? |
scilicet excelsus et dominus. Uir, | quia homo factus est,   420
excel-| 15 |sus, quia eum supra se cę-|li et angeli suscipiunt. |
Dominus, quia cuncte celi | terręque creatu-|rę illi deserui-
unt. | 20 |

                                                             425

5. Uerum quotiens ini-|mici christi omnem | hanc prophe-
tiam ‖ He 25 ‖ natiuitatis eius audiunt, | conclusi dum non
habeant quod | proponant, argumentantur | dicentes nec-   430
dum uenisse christum, | 5 | de quo hec omnia ore pro-|phe-
tarum praesaga ceci-|nerunt. Quęramus ergo | tempus
natiuitatis christi, | utrum iam aduenerit an | 10 | uenturus
adhuc exspectetur. | In danihelo igitur tempus ad-|uentus
eius certissime osten-|ditur et anni numerantur et ma-|ni-   435
festa signa eius pronuntian-| 15 |tur, et post aduentum
eius | et post mortem futura iudeo-|rum excidia ibi certis-
sime | manifestantur.

418 f. Ps. 86,6
419   populos] populis BA
419–433 Von iste uir bis tempus natiuitatis sind einige Wörter auf Blatt
        Mons. 36 v. lesbar; sie tragen zur Textkritik nichts bei
420   excelsus Par. Eins. B] Excelsus A
430   habeant Par. BA] das zweite a durch Punktierung getilgt Eins.
        proponant Par. BA] praeponant Eins.
431   ore Par.] ora Eins. BA, Lücke Mons. Mit der fehlerhaften Über-
        lieferung Par. vgl. die Übersetzung
432   praesaga Par. Eins. A] Lücke Mons., praesagia BPSGHW
434   danihelo Par. R] danielo Eins. S, Daniele BAPGHW
437   post Par.] fehlt Eins. BA

chiboran endi dher in dheru sel-|bun burc uuard uuordan
allero odh-|muodigosto, dher selbo ist dher hohista, | dher
sia chiuuorahta. Endi auh huueo | 10 | dher selbo druhtin
420 ist, dhar ist after chi-|scriban: ›Druhtin saghida dhazs chi-|
scrip dhero folcho, dhese ist dhar chibo-|ran‹. Huuer ist
dhanne dhese man, dher | dhar scoldii chiboran uuerdan?
chiuuis-| 15 |so ist izs dher hohisto endi druhtin. Man, |
bidhiu huuanda got uuard man chiuuor-|dan. Hohisto,
425 bidhiu huuanda inan himi-|la endi anghila ubar sih infa-
hant. | Druhtin ist auh, bidhiu huuanda imu | 20 | elliu
himilo endi aerdha chiscafti sin-|dun dheonondiu.

5. Uuaar ist, dhazs so | ofto so dhea christes fiant dhesiu
heilegun ‖ He 25 ‖ foraspel chihorant umbi christes chi-
430 burt, | so bifangolode sindun simbles, dhazs sie ni | eigun
eouuihd, huuazs sie dhar uuidhar | setzan. Oh sie dhanne
zellando quhe-| 5 |dant dhazs noh christ ni quhami, fona |
dhemu dhiz al in forasagono mundum | dhea aldun aer
langhe bifora sungun. | Suohhemes auur uuir nu ziidh |
435 dhera christes chiburdi, huuedhar ir iu quhami odho | 10 |
uuir noh sculim siin quhemandes biidan. | In dhemu heile-
gin daniheles chiscribe ist | umbi dhea christes chumft
ęrnustliihho | araughit endi iaar arzelidiu, ioh of-|fono
sindun siniu zeihhan dhes bifora chi-| 15 |chundidiu, ioh

418   hohista] hohisto kj. W, nicht erforderlich, vgl. Ahd. Gr., § 264,
       Anm. 2, und Baesecke, Einf., S. 181
422   scoldii] scoldi kj. W
425   himila kj. W] himilo Par. PSRGHHe, vgl. Ahd. Gr., § 193,
       Anm. 4
427   dheonondiu Par.] dheonûndiu H (wohl Druckfehler, den W
       nicht im Text, wohl aber im Glossar s. v. dheonon wiederholt;
       dagegen dheonondiu bei H im Glossar)
431   Oh] oh R
438   ioh] mit langem i (j), das als Minuskel anzusehen ist Par.; Ioh H

6. sic enim | ait ad eum angelus: | 20 | ›Daniel, aduerte ser-
mo-|nem et intellege uisio-|nem. LXX ebdomades ‖ He 26 ‖ 445
adbreuiatę sunt super populum | tuum et super urbem
sanctam tuam, | ut consummetur praeuaricatio et finem |
accipiat peccatum et deleatur | 5 | iniquitas et adducatur
iustitia | sempiterna et impleatur uisio et | prophetię et
unguatur sanctus sanctorum‹. | Quę scilicet LXX ebdoma-| 450
dę, si a tempore danielis | 10 | numerentur, procul dubio
sanctus | sanctorum dominus iesus christus olim uenis-|se
cognoscitur.

455

7. Ebdomada | namque in sacris eloquiis | septem annis
terminatur. | 15 | Dicente domino ad moysen: | ›Numerabis

444   sic Par. Eins.] Sic BA
444–450 Dan. 9, 23–24
445   ebdomades Eins.] ebdomadas Par. R, hebdomadae BAPG,
        ebdomadae SHWHe
447   ut] am linken Rande Par. consummetur Par. Eins. (beide mit
        Nasalstrich über um), APG] consumetur BSRHHe, consumatur W
449   impleatur Par. Eins. AR] impleantur BPSGHW, vgl. die Übers.
451   danielis Eins. BA] daniele Par.   numerentur Par. Eins.] enume-
        rentur BAPSRGHW   procul Par.] Procul Eins.
457   Ebdomada Par. Eins. R] Hebdomada A, Hebdomadae
        BPSGHW
458   terminatur Par. AR] hinter a ein Buchstabe völlig ausradiert
        Eins., terminantur BPSGHW Dicente Par. Eins. R] dicente
        BAPSGHW
458–460 Lev. 25,8

440 dhar ist auh offanliihhost | chisaghet huueo dhero iudeo
quhalm after | christes chiburdi ioh after sineru martyru |
quheman scoldi. Dhar ist izs chiuuisso so | zi ernusti arau-
ghit,

6. so dher angil gotes | 20 | zi dhemu heilegin forasagin
445 quhad: ›Da-|nihel, nim gaumun dhesses uuortes endi fyr-|
stant dhiz chisiuni. Sibunzo uuehhono ‖ He 26 ‖ sindun
chibreuido oba dhinem liudim endi oba | dheru dhineru
heilegun burc, dhazs chiendot | uuerdhe dhiu aboha ubar-
hlaupnissi, endi | dhazs sundono uuerdhe endi, *endi* unrehd
450 uuer-| 5 |dhe ardilet endi euuic rehd biquhime | endi chi-
siuni ioh forasagono spel uuer-|dhen arfullit endi dhero
heilegeno hei-|lego uuerdhe chisalbot‹. Chiuuisso nu, | ibu
dhea sibunzo uuehhono fona daniheles | 10 | zide uuer-
dhant chizelido, buuzssan eini-|gan zuuiuun ist dhanne
455 archennit, dhazs | dher allero heilegono heilego | druhtin
nerrendeo christ iu ist langhe | quhoman.

7. Dhea uuehhun auur in hei-| 15 |legim quhidim arfullant
sibun ia-|ar. So ir selbo druhtin quhad zi moysi: | ›Zeli

442   Dhar] dhar R
445   Danihel] h über der Zeile
449,2 endi] durch Haplographie ausgefallen; jedes andere et in dieser
       Satzreihe ist übersetzt
450   biquhime] biquheme kj. W
452   heilegeno] heilegono kj. W
455   dhazs] am Anfang der neuen Zeile wiederholt Par. H's von W
       aufgenommene Bemerkung, das erste dhazs sei durch Punktie-
       rung getilgt, ist irrig
457   heilegim] heilegêm kj. W

tibi vii ebdo-|madas annorum, id est septi-|es septem, que
simul faciunt | annos xl et viiii‹. A tempo-| 20 |re itaque   460
danihelis prophete | usque ad presens tempus | plus quam
cxl ebdoma-|de ‖ He 27 ‖ adnumerantur. Ideoque ¦ iam
aduenit christus, quem | adnuntiabat sermo pro-|pheticus.

465

8. Post lxx enim | 5 | ebdomadas et natus et pas-| sus osten-
ditur christus et ciuitatem | hierusalem in exterminatione |
fuisse et sacrificium unctionem-|que cessasse. Sic enim sub-
| 10 |iecit idem propheta: ›Et oc-|cidetur christus, et ciuita-
tem | et sacrificium dissipabit po-|pulus cum duce uenturo,   470
et | finis eius uastitas et post | 15 | finem belli statuta | deso-
latio‹. Post passi-|onem igitur christi ue-|nit titus et debel-|
lauit iudeos et destru-| 20 |xit urbem et templum. ¦ Et ces-
sauerunt liba-|mina et sacrificia, ‖ He 28 ‖ que ultra illuc
cele-|brare non potuerunt. | Ut impleretur quod ¦ fuerat   475
ante a pro-| 5 |pheta predictum. |

480

459   septem BA, alle] septeni Par. Eins.   que Par.] Quae Eins., qui A
460   viiii] Dahinter ein Satz eingeschoben A, der Par. Eins. B fehlt
462   adnumerantur Par. Eins. B] enumerantur A
469–472 Dan. 9,26
469   occidetur Par. BA] occiditur Eins.
470   sacrificium Par. Eins.] sanctuarium BA   dissipabit Par. BA]
      dissipauit Eins.
474   illuc Par. Eins. B] illic A
475   celebrare Par. Eins.] celebrari BA
476   ante Par. Eins. A] antea B

dhir sibun iaaro uuehhon. Dhazs meinit | sibun stundom
460 sibuniu, in dhem sindun | zisamande chizelide eines min
dhan-| 20 |ne fimfzuc iaaro‹. Fona daniheles ziide | auur
dhes forasagin untazs dhiu | selbun christes chumfti ziidh
mera ‖ He 27 ‖ sindun dhanne zehanzo endi feorzuc |
uuehhono chizelido, endi bidhiu iu chi-|uuisso quham
465 christ, dhen dhes fora-|sagin uuort bifora chundida.

8. After | 5 | dhem sibunzo uuehhom ist hear offo-|no
araughit ziuuare christan iu | chiboranan ioh chimartoro-
dan, | endi dhazs dhiu burc hierusalem | aruuostit uuardh
endi ghelstar | 10 | ioh salbunga bilunnan uurdun. | So
470 dhar after auh chiuuisso quhidit | dher selbo forasago:
›Endi arslagan | uuirdit christ, endi dhea burc ioh ! ghelstar
fyrodhant liudi mit | 15 ! dhemu zuohaldin herizohin.
Endi | dhes endi uuirdhit odhin. Endi | after dhes chifehtes
ende uuirdhit | dhar chisetzit idalnissa‹. Dhiz ! uuard al so
475 chidaan ziuuare, dhuo | 20 | titus after dheru christes pas-
sione quham | endi nam sigu in dhem iudeoliudim | endi
zistrudida dhea burc ioh ‖ He 28 ‖ dhazs gotes tempil.
Endi dhuo bilun-|nun dhiu blostar iro ghelstro, dhiu | sie
eomaer furi dhazs in iro samnun-|ghe dhar haldan ni mah-
480 tun. Dhazs | 5 | arfullit uurdi so ẹr bifora uuardh chichun-
dit dhurah dhen forasagun. |

459   sibun] über der Zeile
460   chizelide] chizelidiu kj. W
461   iaaro] über der Zeile   ziide] das zweite i über der Zeile
463   feorzuc] feozuc Par.
473   Endi] endi R (zweimal)
478   Endi] endi R
479 f. mahtun] mahtan lasen PSRG, mahtun HWHe mit der Angabe
       »o littera in u correcta« H. Dies wird richtig sein; jedenfalls ist
       u beabsichtigt, und die fragliche Letter gleicht nicht den beiden
       in Par. vorkommenden Typen des a, die unmittelbar vorher in
       haldan verwendet werden (vgl. Faks.)

9. Sed duritia cordis iu-|daici quia ipsi christum in-|tere-
merunt, inde eum | adhuc uenisse non cre-| 10 |dunt. Pro-
bauimus dominum | nostrum iesum christum secundum |
carnem iam natum fuisse. | Sed adicit incredulus: | cur in   485
carne uenit? | 15 | Audi ergo causam. | Deus cum hominem
fecisset | summa beatitudine praedi-|tum et diuine imagi-|
nis decore honora-| 20 |tum, posuit eum in pa-|radiso, ut
esset deo | subiectus, ceteris ‖ He 29 ‖ creaturis praelatus.

490

10. Ille | autem rebellis effectus | contempta diuinitate |
interdictum uiolauit praecep-| 5 |tum. Quem proiectum ob   495
super-|biam deus non occidit, sed | exulem paradiso fecit |
exspectans, ut per peniten-|tiam reparari possit | 10 | ad
ueniam. Et cum ille | non reuocaretur ad uiam | uirtutis:
Dedit legem | per moysen, ut uel per | ipsam reuerteretur
| 15 | ad amorem dei et ope-|rationem iustitię. Sed cum | 500
nec hanc quidem contu-|max et incredulus custo-|diret:
Uenit tandem filius | 20 | dei et corpus humanum ad-|
sumpsit, ut dum uideretur cre-|deretur, Omissisque mun-|

482   Sed] sed Eins.
485   Sed Par. BA] sed Eins.
486   Audi Par. BA] audi Eins.
488   honoratum Par. Eins.] ornatum BA   paradiso Par. BA] para-
       dysum Eins.
489   ceteris Par. Eins. R] et caeteris BAPSGHW, vgl. die Übers.
497   possit Par.] posset BA, e aus i korr. Eins.
498   reuocaretur BASHW, kj. He] reuocaret Par. Eins.; reuerteretur
       PG, vgl. die Übersetzung
499   Dedit Par. Eins.] dedit BA
501   nec Par. Eins. BPSRGH] ne AW, kj. He
502   Uenit Par. Eins.] venit BA
503   adsumpsit] p über der Zeile   Omissis Par. Eins. R] omissis
       BAPSGHW   mundus Par. Eins. A] mundanis SHW, nudis B

52

9. Oh huuanda sie mit dhes iudeischin | muotes hartnissu
christan arsluogun, | bidhiu ni uuellent sie inan noh quho-
| 10 |menan chilauban. Chiuuisso chiof-|fanodom uuir nu
485 hear dhazs unser | druhtin nerrendeo christ after dheru |
fleiscliihhun chiburdi iu uuardh chi-|boran. Oh dher unchi-
laubo fraghet | 15 | noh endi quhidit: bihuuiu uuard christ |
in liihhi chiboran? Chihori nu sahha | bihuuiu. Got so ir
erist mannan chi-|frumida mit dhem hohistom salidhom |
490 odagan endi mit scuonin dhera gotliih-| 20 |hun chiliihnissa
chieredan, dhuo | setzida inan in siin paradisi, dhazs | ir
chihoric uuari gote endi furiro ‖ He 29 ‖ uuari andrem
gotes chiscaftim. |

10. Oh ir uuardh dhanne uuidharbruh-|tic, mit unuuerd-
495 nissu gotes chiun-|hreinida dhazs undarquhedene | 5 |
chibot. Inan dhuo dhanan uzs dhu-|rah geilin aruuorpanan
ni arslu-|oc got, oh uurehhan chifrumida uzs | fona para-
dises bliidhnissu; beit noh | dhuo dher aluualdendeo dhazs
ir | 10 | sih auur dhurah hreuun mahti | chigarauuan zi
500 chinisti. Endi so ir | auur dhuo ni uuas huuerfandi | zi dhes
çrrin meghines uueghe: | Gab dhuo got moysi euua, dhazs
ir dhoh | 15 | in dheru chihuurfi zi gotes minniu endi | zi
rehtnissa uuerchum. Oh so ir dhuo | ubarmuodic endi

488   Chihori PRHHc] Geltung des in der Hs. ein wenig vergrößer-
      ten c als Majuskel halte ich nicht für sicher (vgl. Faks. und das
      lat. audi Eins.). Keine Farbspuren, welche in den Majuskeln von
      Oh 486 und Got 488 deutlich vorhanden
496   uzs] fehlt PS, uzii G, uzsi aut uzii H, uzsi W, uzs RHc, so trotz
      eines Flecks auch deutlich in der Hs.
498   bliidhnissu] das zweite i über der Zeile
503   rehtnissa kj. WHc] rehtnissu Par.

dus demonum simulacris ‖ He 30 ‖ reconciliaretur gra-|tie
conditoris.   505

11. Hec est | causa natiuitatis christi, | quem iudei etsi   510
patian-| 5 |tur natum scandali-|zantur tamen crucifixum |
et mortuum. Non intel-|legentes quia *sicut* propter re-|
demptionem mundi illum dicit | 10 | nasci ita et pati opor-|
tuit. Cuius passionem | et mortem in suo loco scrip-|tura-
rum testimoniis | adprobabimus. | 15 | Nunc uero sequa-   515
mur | debitum ordinem, et cuius | demonstrata est post |
gloriam deitatis huma-|na natiuitas, demons-| 20 |tretur et
genus et patria: |

                                                                                                          520

504   gratie] gratia Eins.
512   Non Par. Eins.] non BA
512–514 quia etc.] vgl. quia sicut ... illum decuit nasci, ita et pati
           oportuit AW; quia sicut ... voluit nasci, ita et pati oportuit B,
           quia ... illum debuit nasci, ita et pati oportuit S, quia ... illum
           uti nasci ita et pati oportuit PGH; quia ... illum dicit (dicitur
           R) nasci ita et pati oportuit Par. Eins. R. Es fehlt also in diesen
           Fassungen sicut, doch vgl. die Übers.; dicit ist am ehesten als
           Verderbnis aus decuit, wie bei A, zu verstehen.
514   Cuius] cuius Eins. BA
515   testimoniis Par. Eins. A] testimonio B   Nunc Par. Eins. A]
           Hinc B

unchilaubendi noh | dhea selbun euua ni uuereda: Dhuo |
505 azs iungist bidhiu quham gotes sunu | 20 | endi antfenc
mannes liihhamun, dhazs | dhanne sie inan selbun chisahin,
dhoh | so chilaubidin. Endi dhazs mittingart | firleizssi diu-
bilo drugidha endi auur ‖ He 30 ‖ aruuegodi zi sines schef-
fidhes huldin. |

510 11. Dhiz ist dhiu sahha christes chiburdi, dhen | iudeoliudi,
dhoh sie inan chiboranan chi-|lauben, lastront inan dhoh
dhiu huue-| 5 |dheru in cruci chislaganan endi dodan. | Ni
sindun firstandande dhazs so selp so ir | dhurah uueraldi
aloosnin uuardh chi-|boran chisaghet, so sama auh uuard
515 chi-|quhedan dhazs ir bi mittingardes nara | 10 | chirista
chimartirot uuerdhan. Dhes | martyrunga endi dodh uuir
findemes | mit urchundin dhes heilegin chiscri-|bes, dhanne
uuir in andreidim dhurah-|faremes dhazs hear aer dhiu zi
sagen-| 15 |ne ist. Nu auur folghemes dhera bigun-|nenun
520 redha. Endi dhes selben christes, dhes | uuir iu sinera man-
niscnissa chiburt | after dhera gotnissa guotliihhin chi-|
chundidom, chichundemes auh nu dhes | 20 | ędhili endi
odhil. |

514   uuardh] uuard HW
516   dodh] auf dem o ein kleines Häkchen, Längezeichen? (vgl. Faks.)
519   dhera] dhea kj. W

VI.

INCIPIENTES PRI-|MUM DE NOMINE | EIUS LOQUI ‖ He 31 ‖

1. Prima enim appel-|latio nominis iesu | inuenitur in figura domini | nostri iesu christi antea praedica-| 5 |ta. Nam auses quidam,| qui naue filius nomina-|batur, a moyse iesus cogno-|minabatur. Hic enim post | obitum moysi dux effectus | 10 | principatum obtenuit et | terram promissę 530 hereditatis | distribuit. Mutatio no-|minis quid significa-bat? | Nisi quia defuncto moyse, | 15 | id est defuncta lege et | legali praecepto cessante, | dux nobis dominus iesus christus | erat futurus? Qui nos | per iordanis fluenta, id est | 20 | per baptismi gratiam sancti-|ficatos et omnibus 535 uiti-|orum gentibus expulsis uel ‖ He 32 ‖ angelorum malorum |hostibus effugatis per-|duceret ad terram repro-| missionis melle et lac-| 5 |te edentem, id est uitę | aeternae possessionem, | qua nihil dulcius.

540

524 f. Incipientes etc.] Überschrift Par. Eins.; Teil des vorhergehenden Satzes und neue Überschrift De (ineffabili B) nomine Iesu BA
526   inuenitur] am Anfang langes i (j), das nicht als Majuskel gilt Par. (vgl. Faks.)
528 f. Vgl. Num. 13,17 (Septuaginta) und die Anm. PL 83, Sp. 463
529   cognominabatur Par. PSRGHWHe] cognominatur Eins. A, cognominatus est B
532   Nisi] nisi Eins. BA
534   Qui] qui Eins. BA
536   gentibus Par. Eins.] generibus BA, vgl. die Übers.
537   perduceret] perducere Par. R, so ursprünglich auch Eins., wo t über der Zeile nachgetragen
538   edentem] manantem Eins. BAPSGHW
539   dulcius Par. BA] dahinter est über der Zeile nachgetragen Eins.

1. Azs erist uuardh iesuses namo fun-|dan in bauhnun-
gum unseres | druhtines iesus christus bifora chimeinit. |
Huuanda bidhiu uuardh chiuuisso | 5 | auses dher naues
sunu fona moy-|sise in binamin iesus chinemnit. | Dher
530 selbo infenc haerduom dhes | israhelischin folches, dhuo ir
dhes | leididh uuardh after moysises | 10 | ablide endi dhea
lantscaffi | dhes im chiheizssenin arbes chidei-|lida. Uuexsal
dhes nemin huuazs | bauhnida? Nibu dhazs after moy-|sise
dodemu endi dheru euu zifare-| 15 |neru ioh dhem aldom
535 gotes chibodum | bilibenem uns zuouuert leididh uuardh |
unser druhtin iesus christus, dher unsih | dhurah iordanes
runsa, dhazs | ist dhurah dhea gheba dhera | 20 | heilegun
daufin chiheilegode, allem | sundono chunnum ardribenem |
ioh allem herrum ubilero angilo ‖ He 32 ‖ arflaugidem,
540 unsih dhurahleidit | in dhea chiheizssenun lantscaf, | dhar
honec endi miluh springant, | dhazs ist in dheo uualaæhti
dhes | 5 | euuighin libes, huuanda dhemu | neouuihd nist
suuozssera. |

527   christus] x̄p̄s Par., Christes W
529   in] über i ein Strich, wohl Ansatz zu einem b
539   allem kj. WHe] allum Par., ein Strich über dem u, Korrektur-
       hinweis? herrum] herum kj. W
540   lantscaf] lantscap R
543   suuozssera] suozssera kj. W

2. Ideo | enim ille huius sacramen-|ti imaginem suscepit,
ut | 10 | iesus nominaretur ad sig-|nificandum illum uerum   545
iesum. | De quo in psalmis scrib-'tum: ›Uenite, laudemus
dominum, | iubilemus petre iesu nostro‹. | 15 | Ubi ostendi-
tur dominum esse iesum. | De quo et alibi in psalmis: |
›Placet sibi dominus in populo | suo et exaltabit man-|sue-
tos in iesu‹. Hec enim | 20 | in Hebrẹo sic habentur. | 550

544   ille Par. Eins. A] vir ille B
545   ad Par. BA] Ad Eins.
546   De Par. Eins.] de BA   scribtum Par. PSGHHe] scriptum est
      Eins. BAW
546 f.   Ps. 94,1
546   laudemus Par. PSGWHe] laudamus H, exultemus Eins. BA
547   dominum] domino A, in domino Eins. B   petre i. n.] patre
      i. n. R, iesu petre n. Eins.; deo salutari, id est Iesu patri nostro
      A, deo sal. Iesu patre n. B
548   De Par. B] de Eins. A
549 f.   Ps. 149,4
549   exaltabit] b aus u korr. mit der gleichen helleren Tinte, mit der
      der ahd. Text geschrieben wurde; exaltauit BPSGHe, exultauit
      Eins. H, exaltabit AW
550   Hec Par. Eins. A] Hoc B   habentur APSGHW] habetur Par.
      BHe, so ursprünglich auch Eins., wo n über der Ligatur & nach-
      getragen

2. Bidhiu antfenc chiuuisso dher | naues sunu dhes heile-
545 ghin chi-|runes chiliihnissa, dhazs ir iesus | 10 | uuardh
chinemnit in bauhnungum | dhes chiuuarin iesuses. Umbi
dhen | in psalmum chiscriban ist: | Quhemet endi lobemes
druhtin, in | hruofte singhemes gote unseremu | 15 | iesuse‹.
Hear ist araughit dhazs iesus | ist druhtin, umbi dhen auh
550 in andreru | stedi in psalmum quhidhit: ›Liihhet imu |
druhtine in sinem liudim, endi arhe-|huit dhea mituuarun
in iesuse‹. Dhiz ist | 20 | chiuuisso in dhemu hebræischin
chiscribe | sus chiquhedan. |

548   gote] darüber petre, auch das p trotz He von anderer Hand
551   druhtine] druhtin kj. W

QUOD AUTEM | EX SEMINE ‖ He 33 ‖
ABRAHAM FUTURUS | ESSET DOMINUS IESUS | 555
CHRISTUS, |

1. Genesis ostendit dicen-| 5 |te abraham ad pue-|rum
suum: ›Pone manum sub | femore meo et iura per deum |
cęli‹. Quo uerbo Christum deum | cęli de genere suo testa-
ba-| 10 |tur in carne esse uenturum. | Per femur enim genus   560
in-|tellegitur. Significaba-|tur autem de semine abra-|he
futurum in carne deum | 15 | celi. De quo semine per esa-|
iam facta fuerat ei a | domino repromissio: ›In semine‹, |
inquit, ›tuo benedicentur omnes | gentes‹, id est in christo.
De quo | 20 | psalmista ait: ›Et bene-|dicentur in eo omnes   565
tribus terre, | omnes gentes magnifica-|bunt eum‹. ‖ He 34 ‖|

2. De hoc semine et per eundem | esaiam uox domini   570
loquitur: | ›Educam‹, inquid, ›de iacob | semen et de iuda

554–556 Die Überschrift ist Teil des ersten Textsatzes; sie steht bei BA
        im Text, darüber nur in A der Titel: Christus ex semine Abra-
        hae secundum carnem fuit.
555   Futurus Par. BA] Facturus Eins.   Esset Par. Eins. BAR] Erat
        PSGHW
557   Genesis Par. BA] in genesi Eins.
558 f. Gen. 24, 2–3
558   manum Par. Eins. B] manum tuam A, vgl. die Übersetzung
559–562 fehlen durch Abirren von Quo zu De quo Eins.
559   deum Par. AR] dominum BPSGHW, vgl. die Übersetzung
562   deum Par. AW] dominum BPSRGH
563   ei Par. Eins. A] fehlt B, et R
563 f. Gen. 22,18
565 f. Ps. 71,17
571 f. Is. 65,9
571   semen Par. Eins. BASR] semine PGHWHe, vgl. die Übers.

HUUEO AUH FONA ABRAHAMES ‖ He 33 ‖
555   SAMIN UUARDH QUHOMAN |
DRUHTIN IESUS CHRISTUS. |

1. Genesis saghet huueo abra-|hames chibot uuas zi sinemu
| 5 | chnehte: ›Duo dhina hant un-|dar miin dheoh endi
suueri bi himi-|lischin gote‹. In dhemu uuorde chun-|dida
560   ir bifora umbi christan himilis-|chun druhtin, dhazs ir in
sines edhi-| 10 |les fleische quhoman scolda uuerdan. | In
dheohe ist chiuuisso zi firstan-|danne framchumft. Bauh-
nida | dhuo fona abrahames samin zuo-|uuerdan in fleische
himiliscun got. | 15 | In sinemu samin uuardh imu fona
565   druh-|tine chiheizssan dhurah esaian | quhedhandan: ›In
dhinemu samin | uuerdhant chiuuihido allo dheo-|dhun‹,
dhazs ist in christe. Fona imu quhad | 20 | dher psalmscof:
›Endi in imu uuer-|dhant chiuuihit alliu ærdhchunni, |
allo dheodun lobont inan‹. ‖ He 34 ‖

570   2. Endi umbi dhen samun dhurah dhen | selbun esaian
quhad druhtines stimna: | ›Ih bibringu fona iacobes samin

558   Duo] duo H
564   himiliscun SRHe] himilischun PGHW; hinter c ein h vollständig ausradiert Par. (vgl. Faks.)   uuardh] h über der Zeile
565   quhedhandan] qubedhandan He, doch sind nur die Schäfte des
ersten h unten verlaufen (vgl. Faks.)
567   imu] imo R   quhad] u (v) über der Zeile
569   inan] dahinter Endi umbi, am Anfang der neuen Seite wiederholt
570   samun] samuN He, samum R; beides unwahrscheinlich, Fleck
in der Hs.

possedentem | 5 | montes meos‹. De quo alibi | idem pro-
pheta: ›Nisi dominus reli-|quisset nobis semen‹. |

ET QUIA DE TRIBU | IUDA SECUNDUM CAR-   575
|10|NEM CHRISTUS EXPEC-|TANDUS ESSET, |

1. Iacob patriarcha signifi-|cat dicens: ›Non deficiet | prin-
ceps ex iuda nec dux | 15 | de faemoribus eius, donec ue-|
niat qui mittendus est, et | ipse erit expectatio gentium‹. |
Certum est enim usque ad or-|tum christi non defuisse   580
princi-| 20 |pes iudeorum populi ex ge-|nere iuda nec duces
de fe-|moribus eius usque ad herodem ‖ He 35 ‖ alienige-
nam regem. Qui | per ambitionem regni in-|repserat pote-
statem. |

585

2. Statim enim ut hoc fac-| 5 |tum est et defecit dux ex
semi-|ne iudę, aduenit ille, qui | mittendus erat, quem
gen-|tes et populi expectabant. | Iudei autem peruicacia

573   Is. 1,9, das Zitat in erweiterter Form BA   Nisi Par. BA] nisi
       Eins.
575 f. Et Quia usw.] Als Überschrift verwendet Par. Eins.; zum ersten
       Satz gezogen BAH, neuer Titel De tribu Iuda ortus est Chri-
       stus A
576   -tandus esset] daneben am linken Rande viii Par. (In Eins. sind
       die Kapitel fortlaufend mit römischen Zahlen numeriert)
577–579 Gen. 49,10
577   Non Par. BA] non Eins.
582   herodem Par. Eins.] Herodem BASR, Heroden PGHW
583   Qui] qui Eins. BA   per ambitionem Par. BA] ambitione Eins.
587   aduenit Par. BA] Aduenit Eins.

endi | fona iuda dhen mina berga chisitzit‹. | 5 | Umbi dhen
auh in andreru stedi dher | selbo forasago quhad: ›Nibu
druh-|tin uns firleazssi samun‹. |

575   ENDI BIHUUIU MAN ¦ IN IUDASES CHUNNES
       | 10 | FLEISCHE CHRISTES BIDEN-|DI UUAS, |

1. Iacob dher hoho fater bauhnendo | quhad: ›Ni zirinne
herrin fona | iudæ noh herizohin fona sinem | 15 | dheo-
hum: Innan dhiu dher quhi-|mit, dher chisendit uuirdhit,
580   endi | dher selbo ist dhes dheodun bidant‹. | Uuaar ist
chiuuisso untazs dhea | chumft christes chiburdi, dhazs ni
bili-| 20 bun ano herrun iudæoliudi fona iu-|dases chunne
noh ano leididh fona si-|nem dheohum untazs herodan
dhen ¦¦ He 35 ‖ elidheodigun chuninc. Dher in ghirin | dhes
585   riihhes dhurahsnuoh dhes chi-|uualdi.

2. Saar so dhuo so uuard chida-|an, endi bileiph dhuo
leididhduom fona | 5 | iudases samin endi quham dher
chisen-|dit scolda uuerdhan, dhes dheodun | endi liudi

572   chisitzit Par. (sehr deutlich, vgl. Faks.) PSGHW] chisetzit He
575 f. Chunnes Fleische] Chunne Fleisches kj. W
576   Uuas] nach He auf Rasur, nicht zu bestätigen
580   bidant] a unsicher, gewiß nicht bidit, wie R liest

inpu-| 10 |dice frontis dicunt non-|dum esse hoc tempus
expletum | mentientes nescio quem regem | ex genere iudę   590
in extremis | orientis partibus regnum | 15 | tenere.

3. Nec adtendunt men-|te cecati simulationis | sue menda-
cia detegi. Qui-|a iam sicut nullum templum | nullum altare   595
nullum sacri-| 20 |ficium ita nullus ręx nul-|lus sacerdos
remansit | iudęis. Neque enim mendax || He 36 || esse potest
osee propheta, qui | dicit: ›Sedebunt filii israel sine | rege
sine principe sine sa-|crificio sine altari sine sa-| 5 |cerdotio
sine manifestati-|onibus‹. Quę omnia quis non ui-|deat   600
nunc in ipsis esse completa? |

589   hoc Par.] aus hic korr. Eins., id BAW
590   nescio Par. BA] Nescio Eins.
591   extremis] ex über der Zeile
594   Nec Par. BA] nec Eins.   mendacia konj. He] mendacio Par.,
       mendatium Eins.
595   Quia Par. Eins.] quia BA
597   Neque Par. B] neque Eins.
598–600 Os. 3,4
599   sine principe] die Fußnote W's zu dieser Stelle beruht auf dem
       fehlerhaften Text H's
601   nunc Par. BA] Nunc Eins.

bidande uuarun. Dhea | iudea auur dhurah iro grimmin
590 mit | dhemu unscama habendin andine | 10 | quhedhant
leogando dhazs noh ni sii | dhazs ziidh arfullit, ni uueizs ih
einigan | chuninc fona iudases edhile noh in uzs-|sonondem
endum oostarriihhes uual-|dendan.

3. Ni nemant gaumun muotes | 15 | blinde dhero iro chi-
595 liihsamono lugino | antdhecchidero. Huuanda so selp | so
im noh ein tempel ni bileiph noh einich | altari noh einich
offerunc ghelstar, | so sama ni bileiph im einich chu-| 20 |
ninc noh einich sacerdos iudeo-|liudim. Noh einich lughin
ni mac | uuesan osee propheta, dher quhad ‖ He 36 ‖
600 heilegu gheistu: ›Sitzent israhe-|les suni ano chuninc ano
herrun | ano offerunc ghelstar ano | altari ano bisscofheit
ano | 5 | araucnissa‹. Huuer ist dher | dhiz al ni chisehe in
im selbem nu | uuesan arfullit?

591   leogando] hinter arfullit gestellt W
592   uzssonondem] uzsonondem W
595   antdhecchidero] das d der Endung zur Korrektur über t
       Huuanda] huuanda RHW
596   noh e. alt.] fehlt R
597   und 601 ghelstar] von W zwischen Klammern gesetzt und im
       Vokabular, S. 114, als Glosse erklärt; eher könnte offerunc
       Glosse sein
600   suni] hinter der Ligatur ni ein Buchstabe radiert, wohl e
602   Huuer] huuer HW

QUIA CHRISTUS DE STIR-|PE DAUID NATUS EST | 10 | 605

1. Ecce ex qua tribu nasci-|turus esset christus doce-|mur.
Ex dauid autem stir-|pe secundum carnem futu-|rus esse
per spiritum sanctum ita prae-| 15 |nuntiatus est in psal-
mis: | ›Iurauit dominus dauid in ueritate | et non frustrabi-
tur eum: De fruc-|tu uentris tui ponam super | sedem   610
meam‹. ›Semel iura-| 20 |ui in sancto meo, si dauid men-|
tiar: semen eius in eternum | manebit. Et thronus eius
‖ He 37 ‖ sicut sol in conspectu meo | et sicut luna perfecta
in eternum | et testis in celo fidelis‹.

615

2. Item | in libro paralipomenon: | 5 | ›Et factum est uer-
bum domini ad | nathan dicens: Uade et dic | seruo meo
dauid: Hec dicit | dominus, adnuntio tibi quod ędi-|ficatu-
rus sit domum tibi | 10 | dominus. Cumque impleueris | dies   620
tuos, ut uadas ad | patres tuos, suscitabo | semen tuum post

604   .. Natus Est] Neben dieser Zeile am linken Rande viiii Par.
606   esset Par. Eins. B] est A   docemur] r aus n korrigiert
608   praenuntiatus Par. Eins. BARW] pronuntiatus PSGH
609–611 Ps. 131,11
611–614 Ps. 88, 36–38
617   paralip.] darüber die Zahl 1 (·1·)
617–628 1. Par. 17, 3–4, 10–14
619   adnuntio Par. Eins. A] Adnuntio B
620   Cumque Par. Eins.] cumque BA
621   ut uadas Par. BA] et uadis Eins.

HEAR SA-|GHET HUUEO CHRISTUS FONA DAUID |
605   FRAMCHUMFTI CHIBORAN |10| UUARDH

1. See chunnemes nu fo-|na huueliihhemu ædhile christ
chi-|boran uuerdhan scoldi, fona dauides | framchumfti
after fleisches mezsse | quhoman uuerdhan dhurah heile-
| 15 |gun gheist, so ir chiforabodot uuardh in | psalmom:
610 ›Druhtin suuor dauite in | uuaarnissu endi ni huolida imu: |
Dhinera uuomba uuaxsmin setzu ih ubar | miin hohsetli‹.
›Eines suuor ih in mi-| 20 |nemu heileghin: ni liugu ih
dauid, siin | samo ardot in æuuin. Endi siin hoh-|setli ist
solih so sunna azs minera ‖ He 37 ‖ antuuerdin endi in
615 æuuin so sama | so foluuassan mano, endi dher ist chi-|
triuuui urchundo in himile‹.

2. So auh in | andreru stedi ist chiscriban in paralipo-| 5 |
menon: ›Endi uuardh uuordan druhtines|uuort zi nathane
quhedendi: Ganc endi | saghe minemu scalche dauide: Sus
620 quhad | druhtin: Ih saghem dhir dhazs druhtin | dhir ist
huus zimbrendi. So huuanne | 10 | so dhu dhina daga arful-

---

604   Dauid] Dâvîdes W
605   Uuardh] am Ende der Zeile hinter den ersten Textworten
607   framchumfti] h über der Zeile
608 f. heilegun] heilegan kj. W
609   chiforabodot] do von anderer Hand über der Zeile   in] He
      will in Par. iu lesen, unnötig
610   dauite] dahinter angeblich ein kleines v HW, welches in Wirk-
      lichkeit aus der Zunge des e und einem etwas verlaufenen Tren-
      nungspunkt besteht   imu] dahinter entgegen Henchs Meinung
      doch wohl einige Lettern radiert, am ehesten Dhine, vgl. den
      Anfang der nächsten Zeile; fona in den Text eingesetzt W
613   dauid] das zweite d über t, dahinter kein Endungs-e (vgl.
      Faks.); Dauid S, Dauide PGHWHe, davite R
614   minera] mineru kj. WHe
617   paralipomenon] -inenon liest He ohne Grund
618   Endi] endi RH

te, quod erit | de filiis tuis, et stabiliam | 15 | regnum eius.
ipse edificauit | mihi domum, et firma-|bo solium eius usque
in ęternum. | Ego ero ei in patrem et | ipse erit mihi in
filium, | 20 | et misericordiam meam non | auferam ab eo,   625
sicut abstu-|li ab eo, qui ante te fuit. ‖ He 38 ‖ Et statuam
eum in domo me-|a et in regno meo usque in | sempiter-
num, et thronus eius | erit firmissimus in perpetuum‹. | 5 |

                                                              630

3. Hęc omnia quisqu*is* in salo-|mone putat fuisse inple-|ta,
multum errare uidetur. | Nam qualiter in salomone | intel-
legendum est quod dictum est: | 10 | ›Postquam dormieris
cum patri-|bus tuis, suscitabo semen tuum | post te, quod   635
erit de filiis tuis, | et stabiliam regnum illius‹? | Numquid
de illo salomone | 15 | creditur prophetatum? minime. |
Ille enim patre suo uiuente | coepit regnare. Nam hic | dici-
tur quia ›cum repleti fuerint | dies tui et dormieris cum
|20| patribus tuis, suscitabo se-|men tuum‹. Ex quo intelle-| 640
gitur alius esse promissus, quia ‖ He 39 ‖ non ante mortem
dauid sed | post mortem eius pronuntiatus | fuerat susci-
tandus.

623   edificauit Par. Eins. R] aedificabit BAPSGHW
624   Ego ero Par. BA] Ero ego Eins.
628   et Par. Eins. BA] Et He (vgl. Faks.)
632   quisquis BAPSRGHW] quisque Par. Eins. He, R in der Anm.
633   salomone BA] salomine Par. R, salamone Eins.
634–636 2. Reg. 7,12
636   illius Par. BAR] ipsius Eins., eius PSGH, illi W
637   minime Par. Eins.] Minime BA
639   tui] es stand tuis, s radiert Par.
641   quia Par.] qui BA; Quia Eins., vgl. die Übersetzung
642   dauid sed post mortem] irrtümlich ausgelassen von H, daher
       irrige Anm. W   fuerat Par. Eins. BAR] fuerit PSGH
643   suscitandus] Dahinter fehlen die Abschnitte 4 und 5 Par. Eins.

lis, dhazs | dhu faris zi dhinem fordhrom, ih ar-|uuehhu
dhinen samun after dhir, | dher uuesan scal fona dhinem
sunim, | endi chistiftu imu siin riihhi. dher | 15 | selbo
625 zimbrit mir huus, endi ih | chifestinon dhes *sedhal* untazs
in | euun. Ih scal imu uuesan in fater | stedi endi *ir* scal mir
uuesan in su-|nes, endi mina miltnissa ni | 20 | nimu ih ab
imu, so ih fona dhemu | nam, dher ær fora dhir uuas. |
Endi ih inan chistiftu in minemu ‖ He 38 ‖ dome endi in
630 minemu riihhe untazs | in eouuesanden euun. Endi siin
hoh-|setli scal uuesan festista untazs | in euun‹.

3. Dhiz susliihhe so huuer so | 5 | uuanit dhazs izs in salo-
mone | uuari al arfullit, filu aboho firstan-|dit. Inu huueo
ist in salomone zi | firstandanne dhazs sus chiquhe-|dan
635 uuardh: ›After dhiu so dhu | 10 | slafis mit dhinem faterum,
ih ar-|uuehhu dhinan samun after | dhir, dher uuesan scal
fona dhi-|nem sunim, endi ih chistiftu dhemu siin | riihhi‹?
Neo nist zi chilaubanne | 15 | dhazs fona dhemu salomone
sii | dhiz chiforabodot. Dher chiuuisso bi | sinemu fatere
640 lebendemu bigunsta riih-|hison. Inu hear quhidit: ›Huuan-
da so | dhine daga arfullide uuerdhant endi | 20 | dhu slafis
mit dhinem faterum, ih ar-|uuehhu dhinan samun‹. Fona
dhesiu ist zi | firstandanne dhazs dhar ander uuard | chi-

622   fordhrom] das h über der Zeile
623   dhinen] dhinan kj. W
625   endi] Endi H   chifestinon] entgegen der Hs. das erste i mit
       Längezeichen H   sedhal] in der Hs. durch einen Fleck (Rasur?)
       unleserlich, nur anlautendes s einigermaßen sicher; sedhal ver-
       mutet auch W; für hohsetli, wie H will, fehlt der Raum
626   ir] kj. WHe, fehlt Par.
627   endi] Endi H
630   eouuesanden] eouuesandan RW   Endi] endi RH
633   al] über der Zeile
640   Huuanda] huuanda H
641   endi] Endi H

6. De quo | per hieremiam ipse dominus dicit: ›Ecce | 5 |
dies ueniunt, dicit dominus, et sus-|citabo dauid germen
iustum et reg-|nauit rex et sapiens erit et fa-|ciet iudicium
et iustitiam super | terram. In diebus eius salua-| 10 |bitur 650
iuda et israel habitauit | confidenter, et hoc est nomen, |
quod uocabunt eum: dominus iustus noster‹ | iste est.

7. Qui per nathan | ex semine dauid promittitur, qui | 15 | 655
etiam et per isaiam prophetam ita | pronuntiatur: ›Egre-
dietur‹, in-|quit, ›uirga de radice ies-|se et flos de radice
eius as-|cendit‹. Fuit enim de patri-| 20 |a bethleem de
domo dauid. Hec | uirga de radice iesse uirgo | est maria
de dauid radice ‖ He 40 ‖ exorta, que genuit flo-|rem 660
dominum saluatorem. | De quo etiam sequitur: | ›Et re-

647   ipse Par. BA] fehlt Eins.
647–652 Ierem. 23, 5–6
647 f. Ecce bis dominus] fehlt B
648   dauid Par. Eins. BA] ausgelassen H, dadurch irrige Anm. W
649   regnauit Par. Eins. R] regnabit BAPSGHW
651   habitauit Par. R] b aus u korr. Eins., habitabit BAPSGHW
652   uocabunt Par. Eins. BAR] vocabit PSGHW   noster] Dahinter
        der Text der Zeilen 701–720 unserer Ausgabe B   iste est. Qui
        mit schwerer Interpunktion (;) hinter est und Majuskel Q Par.
        R] vgl. die Übers. Zum Abschn. 7 Iste (iste Eins.) est qui Eins.
        BASHW, Ipse est PG
656   pronuntiatur Par. Eins. B] pronuntiat A
656–658 Is. 11,1
658   ascendit Par. Eins. R] ascendet BAPSGHW
658 f. Fuit ... dauid Par. Eins. PSRGHW] fehlt BA
661   De Par. B] de Eins. A
661–665 Is. 11, 2–3

heizssan ‖ He 39 ‖ Huuanda ni uuardh ir çr dauides |
645 dode nibu after sinemu dode chiforabo-|dot zi aruueh-
hanne.

6. Umbi dhen dhu-|rah hieremiam druhtin selbo quhad:
›See | 5 | daga quhemant, quhad druhtin, endi ich ar-|
uuechu dauide rehtuuisigan chimun, endi | ir chuninc scal
650 dhanne riihhison endi uuisi | uuirdit endi frummit urdeili
endi reht-|tunga oba ærdhu. In dhes dagum scal | 10 | iuda
uuerdhan chihaldan endi israhel | auh ardot baltliihho.
Endi ist siin namo, | so sie inan nemnant: dhese ist unser
druhtin | dher rehtuuisigo‹.

655 7. Dher dhurah nathanan | uuardh chiheizssan fona daui-
des samin, | 5 | ioh auh dher selbo uuardh dhurah esaian |
dhen forasagun chiforabodot; ir quhad: | ›Arliudit uph
gardea fona iesses uurzom | endi blomo arstigit fona dheru
sineru | uurzun‹. Dhiz quhad ir, bidhiu huuanda ir uuas
660 | 20 | chiuuisso fona betlemes lantscaffi fona | dauides
chunne. Dhesiu gardea fona dheru | iesses uurzun dhazs ist

650,1 endi] Endi H
653   Endi] ich deute die Ligatur & wegen ihrer Größe als Majuskel;
       Endi RH, endi He
656   ioh] langes i (j), sicher keine Majuskel (vgl. die Minuskel He
       40, 21 und als Gegenbeispiel die Majuskel J He 39, 9 im Faks.),
       Ioh RGHHe

quiescit super eum | 5 | spiritus domini, spiritus sapientię
et | intellectus, spiritus consilii et for-|titudinis, spiritus
scientię et | pietatis et repleuit eum | spiritus timoris
domini‹.   665

8. *I*deo autem | 10 | tanta dona spiritus super eum | praedi-
cantur, quia in eum | non *ad* mensuram spiritus inhabi-|tat   670
sanctus sicut in nobis, sed to-|ta inest plenitudo di-| 15 |
uinitatis et gratiarum. | Iste est qui ›non secundum uisi-|
onem oculorum et audi-|tum aurium iudicat, | sed est iusti-
tia cingulum | 20 | lumborum eius et fides cinc-|torium
renum eius‹. In cu-|ius ęcclesia ›habitat ‖ He 41 ‖ lupus   675
cum agno‹, ille utique, | qui solebat ab ea rapere | praedam.
Dum ad eam conuerti-|tur, cum innocentibus commo-| 5 |
ratur.

662   requiescit Par. Eins. PSGH] requiescet BAW, requiescat R
664   repleuit Par. Eins. PSRGH] replebit BAW
669   Ideo BAPSGRHWHe] Adeo Par. Anm. R, adeo Eins.
670   in eum Par. Eins.] in eo BA   non ad mens. BA] non mens. Par.
       R, in der Lücke über diesen Wörtern secundum nachgetragen
       Eins.
671   inest Par. Eins. BPSRGH] inest ei AWHe
672   Iste Par. Eins. BASRHW] Ipse PG
672–675 Is. 11,3,5
674   cinctorium] cintorium Par., c über der Zeile nachgetragen Eins.
675   ecclesia] Das erste c über der Zeile   habitat Par. Eins. BAR]
       habitant PSGHW
675 f. Is. 11,6
677   Dum] dum Eins. BA

dhiu unmeina magad | maria ‖ He 40 ‖ fona dauides uur-
zun framquhoman, | dhiu chibar blomun, dhen haldendan |
druhtin. Fona dhemu selbin folghet | hear auh after: ›Endi
665 chirestit oba | 5 | imu gheist druhtines, *gheist uuiisduomes*
endi firstanden-|di chidhanc, gheist chirades endi me-|ghi-
nes, gheist chiuuizsses endi arm-|herzin, endi arfullit inan
gheist gotes | forahtun‹.

8. Bidhiu auur sindun oba | 10 | dhemu so manacsamo
670 gheba dhes | gheistes chiforabodot, huuanda | in imu ni
ardot dher heilego gheist | zi mezsse so in uns. Oh in imu
ist elliu | folnissa gotes ghebono ioh gheis-| 15 |tes. Dhese
ist dher ›ni ardeilit | after augono chisiune endi oro-|no
chihlose, oh rehttunga ist | bruohha sinero lumblo endi |
675 triuuua sindun sinero lendino | 20 | gurdil‹. In dhes chiriih-
hun ›ar-|dot uuolf mit lambu‹, ioh | dher chiuuon uuas
fona dheru ‖ He 41 ‖ chiriihhun nama ardhinsan. | Innan
dhiu ir chiuuoruan ist, mit | dhem unbalauuigom ist siin
sam-|uuist.

664   Fona] fona H
665 f. gheist uuiisduomes etc.] die Übersetzung von spiritus sapientiae
       fehlt. Überliefert ist fir stan den|di chidhanc (vgl. Faks.). Die
       Konjektur firstand endi chidh. schon bei R und S, von WHe
       wiederholt, doch entspricht sie nicht der Übersetzungstechnik
       (vgl. Isid-Wb. s. vv. intellectus und sapientia); first. chidh. muß
       als Übersetzung von intellectus gelten, das der Übers. offenbar
       als Nominativ auffaßte
669   manacsamo] über o ein v; kaum ein Korrekturzeichen, vgl.
       unten chiuuon 676
672   elliu] e über a, es stand alliu
675   lendino] e über a   chiriihhun] chirihhun W, chiriihun He
676   ioh] langes i (j), Ioh H   chiuuon] über dem zweiten u ein v
677   chiriihhun] chirihhun W

9. In cuius ouile ›pardus | cum hedo accubat‹, permixti | 680
scilicet subdoli cum peccato-|ribus. Ibi etiam ›uitulus‹ de |
circumcisione, ›leo‹ de seculi | 10 | potestate, ›oues‹ de
popu-|lari ordine ›simul moran-|tur‹. Quia in fide commu-
nis | est conditio omnium. ›Puer | autem paruulus minans
| 15 | eos‹ ille est utique, qui se | humiliauit pro nobis ut | 685
paruulus. ›Bos autem et leo | ibi comedent paleas‹, | quia
principes cum subiec-| 20 |tis plebibus communem ha-|bent
doctrinam.

690

10. ›Delecta-|tur quoque infans ab ubere ‖ He 42 ‖ super
foramine aspidis‹: | Dum gentes, quę solebant | uenena
praedicare aliquan-|do, conuersi etiam paruo-| 5 |li christi
fidem delectantur | audire. ›Cauerna enim | reguli‹ corda
sunt infideli-|um, in quibus ille ser-|pens tortuosus requies-   695
| 10 |cebat, quem ›ablactatus‹ | conprehensum exinde capti-|
uum traxit, ut ›in monte | sancto eius‹, quod est ecclesia, |
›non noceret‹.

700

680–685 Vgl. Is. 11,6
680   ouile Par. Eins. SRH] ovili BAPGWHe   permixti Par. R]
         commixti Eins., permisti A, permixtim BPSGHWHe
682   oues Eins.] Oues Par., ovis BA
684   Puer Par. BA] puer Eins.
685   ille Par. BA] Ille Eins.
686   Vgl. Is. 11,7
687   principes Par. BA] -ipes auf Rasur, es stand princeps Eins.,
         princeps PSRGHW
691 f.   Is. 11,8
693   praed. aliqu.] aliquando praedicare Eins. BA
694–698 Vgl. Is. 11, 8–9

680   9. In dhes æuuiste ›sitzit pardus | 5 | mit gheizssinu‹, bauh-
nit dhea nidhi-|gun chimenghide mit sundigem. | Dhar auh
›chalp‹ fona dheru iu-|dæischun euu, ›leo‹ fona uueraltchi-|
uualdidu, ›scaap‹ fona smalero | 10 | manno mezsse ›samant
uuonent‹ | mit dhem sturirom in dheru christes |chiriihhun,
685   huuanda dhar ist in | rehteru chilaubin allero uuesan chi-|
meini. ›Liuzil chind dribit auur dhiu | 15 | alliu‹: dher ist
dhazs chiuuisso, dher sih | dhurah unsih chiodmuodida so
selp | so chind. ›Oxsso auh endi leo dhar | ezssant samant
spriu‹, huuanda | dhea herostun mit dheru smelerun | 20 |
690   dheodu eigun dhar chimeine lerunga. |

  10. ›Dazs chind uuas gerondi | fona muoter brustum ubar
dhes || He 42 || aspides hol‹. Bauhnit, innan | dhiu dheodun
chiuuon uuarun iuhuuan-|ne eitar predigon, dhea auur chi-|
huuoruane in miltnisso chindo, lustida | 5 | sie christinheidi
695   chilaupnissa chihoran. | ›Dhera nadrun hol‹ bauhnida
chiuuisso | dhero unchilaubono muotuuillun, in | dhem
dhiu chrumba nadra inne resti-|da, dhea chisaughida gotes
uuordes, | 10 | chifangana ardhans sia christ dhanan | uuzs
alilenda, dhazs siu ›in dhemu christes | berghe‹, dhazs ist
700   dhera christinheidi chi-|riihha, ›ni deridi‹.

682   iudaeischun] h über der Zeile
683   samant] Samant Par.
684   chiriihhun] chirihhun W
686   Liuzil PSRGHc] Liuzit Par. H; ich kann mich nicht entschlie-
     ßen, t als Verschreibung aus c anzusehen und Liuzic zu kon-
     jizieren, wie gelegentlich vorgeschlagen wird; nirgends sonst
     werden t und c verwechselt
690   chimeine] chimeina kj. W
691   muoter] über der Zeile
697   chisaughida] -idæ mit nachträglich zugefügtem e Par; ist Kor-
     rektur in -ide gemeint?
699   berghe] h über der Zeile
700   chiriihha] chirihha W

11. Adhuc idem | 15 | esaias de christo quia ex | semine
dauid natus est | secundum carnem sic in con-|sequentibus
dicit: ›In die illa | radix iesse, qui stat in | 20 | signum
populorum, ipsum | gentes deprecabuntur et erit | sepul-
chrum eius gloriosum‹. || He 43 || In signum populorum stat | 705
radix iesse, quando | christus signaculum crucis ex-|primit
in frontibus eorum. | 5 | Ipsum gentes deprecabuntur, |
quod iam obtutu cernitur fu-|isse completum. Sepul-|chrum
autem eius in tantum est | gloriosum, ut accepto quod | 10 |
redempti pro morte eius glo-|riam ei exhibemus, etiam lo-| 710
cus ipse coruscans mira-|culis glorie suę causa | ad se
omnem contrahat | 15 | mundum.

                                                              715

12. Hic locus in he-|breo habet ›et erit | requies eius glo-
riosa‹. | Utique quia moriens ca-|ro eius non uidit corrup-
| 20 |tionem secundum psalmi | sententiam: ›Nec dabis
sanctum | tuum uidere corruptionem‹. || 720

701–720 folgen hinter noster 652 B
702   sic Par. Eins. A] fehlt B   consequentibus Par. Eins. BAR]
        sequentibus PSGHW
703–705 Is. 11,10
709   ut Eins. BA] Ut Par.   accepto Par. Eins. PSRGHW] excepto
        BA
710   pro morte Par. Eins.] per mortem BA
712   contrahat Par. BA] contrahit Eins.
717   hebreo] dahinter sic radiert, wie schon R anmerkt (nur das c
        noch deutlich erkennbar), Par., ebenfalls radiert (tū?) Eins., in
        Hebraeo sic BA   et Par. Eins.] Et BARHWHc
719 f. Ps. 15,10

11. Hear auh noh fram-|mert saghet dher selbo forasago
esaias | 15 | fona christe, huueo ir fona dauides samin |
uuardh chiboran after fleisches mezsse, |so sama so hear
after quhidhit: | ›In dhemu daghe standit dh*iu* iesses |
705   uurz*a* in zeihne dhero liudeo, dhen | 20 | selbun sindun
dheodun bitdande, | endi siin grab scal siin guotliih‹. | In
liudeo zeihne standit dhiu ‖ He 43 ‖ iesses uurza, dhanne
christ dhes | crucis zeihhan chidhuhit in iro | andinum.
dhen selbun sindun | dheodun bitdande, dhazs iu | 5 | azs
710   antuuerdin chisehet arful-|lit uuordan. Siin grab ist auur |
so drado eruuirdhic, dhazs uuir, | dhea christ chihaloda,
dhera alos-|nin uuidhar sinemu dodhe bi | 10 | sculdim
dheru stedi ærliihho | era beremes. Ioh auh dhiu selba |
stat chischeinit uundarliihhem | zeihnum dhes sines æruuir-
715   dhighin | chiuualdes sahha ioh zi imu | 15 | chidhinsit allan
mittingart. |

12. Dheasa stat auh meinit in dhemu | ebræischin chiscribe
›Endi siin restin | scal uuesan ærliihhu‹. So chiuuisso | ist
dhazs imu arsterbandemu siin | 20 | fleisc ni chisah enigan
720   unuuillun. So | after dhes psalmscoffes quhide ist chiquhe-
dan: | ›Ni ghibis dhinemu heileghin zi chisehanne | unuuil-
lun‹. ‖

---

701   dher selbo kj. W] dheselbo, das h über der Zeile nachgetragen
        Par. HHe
704 f.   dhiu i. uurza kj. WHe] dher i. uurzun Par.
718   Endi] vergrößerte Ligatur &, endi RH
719   arsterbandemu] das zweite a über e

ALTDEUTSCHE TEXTBIBLIOTHEK · ERGÄNZUNGSREIHE

Band 1

Ausgewählte Melodien des Minnesangs

Einführung, Erläuterungen und Übertragung von Ewald Jammers

1963. XII, 289 Seiten. Engl. brosch. DM 18.-

Der Band, der sich durch die Dichte und Weite der Auswahl auszeichnet, enthält 131 Melodien: epische Weisen, Leiche, Sprüche und Lieder und reicht von den Kontrafakten der Frühzeit und den echten und unechten Melodien Walthers von der Vogelweide bis zu den Weisen der »letzten Minnesänger« und des Meistergesangs. Die Melodien sind in die heutige Notenschrift übertragen; Abweichungen von den Vorlagen werden jeweils vermerkt. Bei den Texten wird nach Möglichkeit auf anerkannte Ausgaben zurückgegriffen. Erläuterungen und eine umfangreiche Einleitung fassen vor allem für den Germanisten eine Fülle musikwissenschaftlicher Erkenntnisse zusammen.

Band 2

Dukus Horant

Herausgegeben von P. F. Ganz, F. Norman, W. Schwarz

Mit einem Exkurs von S. A. Birnbaum

1964. XIII, 224 Seiten mit 2 Abbildungen im Text und 2 Tafeln
Engl. brosch. DM 27.-; Lwd. geb. DM 30.-

Unter den Handschriften, die im 19. Jahrhundert in der Esra-Synagoge in Kairo gefunden wurden, befindet sich ein Manuskript, das in der deutschen Literatur einzig dasteht: das in hebräischen Buchstaben geschriebene Fragment der mittelhochdeutschen Dichtung *Dukus Horant*, die nur in dieser wahrscheinlich 1382 entstandenen Handschrift überliefert ist. – Durch eine rein mechanische Umsetzung der hebräischen Buchstaben in lateinische ermöglicht die Ausgabe jederzeit die Rekonstruktion der Handschrift; dieser Transliteration steht jeweils auf der rechten Seite die Transkription in ein mittelalterliches Deutsch gegenüber. Aufschlußreiche Eigentümlichkeiten der Handschrift werden behutsam bewahrt. Die Ausgabe wird ergänzt durch eine ausführliche Darstellung des Lautstandes, durch eine paläographische Untersuchung der Handschrift und eine eingehende Erörterung der sagen- und literaturgeschichtlichen Probleme.

MAX NIEMEYER VERLAG TÜBINGEN